中世紀歐洲圖鑑

新星出版社

奇幻而黑暗的中世紀歐洲

中世紀歐洲是什麼樣子的？

有待光明驅逐黑暗的時代

中世紀歐洲此語在現代人的眼中，往往讓人覺得是個充滿騎士、魔法師、龍、聖杯、鍊金術……漫畫、動畫和遊戲重要奇幻元素俯拾皆是的大寶庫。可是從歷史的角度來看，中世紀一直都是個「黑暗的時代」。

中世紀一詞早自十五世紀文藝復興時期便已存在，乃指古典文化時代跟古典文化復興時代中間的時代；換句話說，當時認為中世紀乃是優秀的古希臘羅馬古典文化失落以後的一個過渡的時代。

十八世紀因為市民革命而興起的**啟蒙思想**，便是要擺脫中世紀的基督教世界觀，試圖以理性理智來理解人類、社會、自然乃至世界的種種真實。所謂「啟蒙」自然就是要「啟發」「無知蒙昧」，然則此語英文「Enlightment」原義卻是「照亮」的意思。換句話說，中世紀這麼個飽受啟蒙思想大肆撻伐之基督教束縛的時代，自然也就是個亟待光明驅逐黑暗的黑暗時代。

唯其黑暗方得運生的文化

事實上歐洲的中世紀也確實是始於日耳曼人大遷徙之亂，然後又是受到伊斯蘭教勢力壓迫威脅、諾曼人（維京人）和馬札爾人（源自烏拉山脈附近的民族）入侵、蒙古帝國擴張版圖等，前半期屢屢遭受異族入侵與異教徒壓迫，歐洲社會動盪不安。現代歐洲各國很多在全球場域下擁有相當重要的發言權以及影響力，可是這些國家在中世紀當時卻只能在四方侵略下顫顫發抖。

再說到科學技術等文明方面，歐洲也一直追不上繼承古希臘羅馬古典文明的拜占庭（東羅馬）帝國甚至伊斯蘭教世界。十四世紀又有飢荒和黑死病（鼠疫）大流行，人口劇減進入成長停滯期，渾然就是最能體現「黑暗」之名的一個時代。

當時歐洲人置身於這般朝不保夕的世況下，所以向基督教尋求心靈的平安。加以父兄傳承下來的神話傳說，逐漸融合形成一種獨特的文化。這種黑暗時代孕育形成的文化，在近代以降歐洲諸國爭奪世界霸權的過程中向外擴散，終於成為幻想世界的王道文化。

時代範圍

西洋史的時間劃分中，中世紀位於古代與近代（或近世）之間。**其年代相當於西元四五世紀到十五世紀**，以重要歷史事件來說始於羅馬帝國東西分裂（395年），一說始於西羅馬帝國滅亡（476年），終於東羅馬帝國滅亡（1453年）。

這約莫千年的時間又可以再分成三期：五～十世紀的**中世初期**、十一～十三世紀是**中世盛期**、十四～十五世紀是**中世後期**。

中世初期是日耳曼人大遷徙的兵荒馬亂當中，人們尋求救贖的想望使得基督教逐漸紮根滲透於民間的一個時代。這些日耳曼裔的領主們掌權成為統治階級以後，又紛紛進而尋求更強大的勢力庇護以求自保，結果確立了封建制度。

中世盛期在諾曼人等異族入侵消停以後，歐洲因為導入三圃制農法與重型有輪犁而進入產量大增的農業革命時代。十字軍東征等事件便是發生於此時，是教宗權力的鼎盛時期。

中世後期教會權威掃地、封建領主沒落，相對地世俗王權則是愈見鞏固、一步步邁向後來的絕對王政。

空間範圍

歐洲的北西南三面分別受到北極海、北海、大西洋與地中海圍繞，極東連結到烏拉山脈的分水嶺以及裏海、黑海，並以通往地中海的博斯普魯斯海峽‧達達尼爾海峽為界與亞洲相望。

本書乃以當時受羅馬天主教會主宰的西歐地區為對象，亦即波蘭、匈牙利以西的地區，其中又特別將重點擺在神聖羅馬帝國（德國）、法國、義大利與英國為文進行記述。

【民族大遷徙】

北極海
烏拉山脈
北海
裏海
北極
大西洋
高加索山脈
黑海
博斯普魯斯海峽
達達尼爾海峽
地中海

◀ 日耳曼人的遷徙路線
■ 諾曼人（維京人）根據地
■ 諾曼人占領地
◀ 諾曼人入侵路線
◀ 馬札爾人入侵路線
■ 伊斯蘭國家
◀ 伊斯蘭勢力

【基督教東西教會分布】

羅馬天主教會

正教會

目次

中世紀歐洲年表
日本對照年表

　　打造出上下水道設施極其完備巨型都市的羅馬帝國滅亡後，歐洲一下子彷彿時光倒流，進入一個為期約莫千年、史稱「中世紀」的黑暗時代。其間歐洲一直關閉在一個極狹小的世界，直到十五世紀各國紛紛破繭而出航向世界海域，始有今日歐洲的霸權國家誕生。這邊廂日本則是 1467 年戰國時代才開始與歐洲接觸往來。

歐洲

395 年	羅馬帝國分裂
476 年	西羅馬帝國滅亡
481 年	墨格溫王朝法蘭克王國成立（p.26）
732 年	圖爾戰役
751 年	卡洛林王朝法蘭克王國成立
800 年	查理大帝（p.12）加冕登基羅馬皇帝
843 年	締結凡爾登條約，法蘭克王國分裂
911 年	諾結人羅洛成為諾曼第公爵
962 年	鄂圖一世加冕，建立神聖羅馬帝國
987 年	卡佩王朝法蘭西王國成立
1054 年	東西教會分裂（p.132）
1066 年	諾曼征服英格蘭
1077 年	卡諾沙之辱（p.29）
1096 年	十字軍東征開始（p.158）
1198 年	英諾森三世即位羅馬教宗
1209 年	阿爾比十字軍（p.154）
1241 年	列格尼卡戰役（蒙古軍勝利）
1291 年	阿卡淪陷。十字軍運動終結
1295 年	馬可波羅歸國
1303 年	阿那尼事件（p.169）
1309 年	教宗被囚（阿維尼翁囚虜）
1339 年	百年戰爭爆發
1347 年	黑死病大流行（p.128）
1358 年	札克雷暴動
1378 年	教會大分裂（p.132, 169）
1381 年	瓦特・泰勒農民起義
1431 年	聖女貞德處刑（p.22）
1453 年	拜占庭（東羅馬）帝國滅亡
1455 年	玫瑰戰爭爆發
1492 年	格拉納達淪陷，收復失地運動結束
1494 年	法國進攻義大利（義大利戰爭）

日本

456 年	雄略天皇即位	古墳時代
607 年	派遣遣隋使（小野妹子）	飛鳥時代
645 年	乙巳之變（大化革新）	
710 年	遷都平城京	奈良時代
794 年	遷都平安京	平安時代
804 年	空海、最澄入唐	
894 年	遣唐使廢止	
901 年	菅原道真遭貶至大宰府	
939 年	平將門之亂	
1008 年	《源氏物語》成書	
1027 年	藤原道長歿	
1051 年	前九年之役爆發	
1083 年	後三年之役爆發	
1086 年	白河上皇開始院政	
1185 年	壇之浦之戰平家滅亡	鐮倉時代
1221 年	承久之亂爆發	
1253 年	日蓮開創法華宗	
1262 年	親鸞歿	
1274 年	文永之役（蒙古來襲）	
1281 年	弘安之役	
1318 年	後醍醐天皇即位	
1333 年	鐮倉幕府滅亡	
1337 年	南北朝分裂	室町時代
1350 年	觀應之亂	
1367 年	足利義滿就任將軍	
1392 年	南北朝合一	
1404 年	勘合貿易[註]開始	
1441 年	嘉吉之亂	
1467 年	應仁之亂爆發	戰國時代
1488 年	山城國一揆起義	
1493 年	明應政變	
1543 年	葡萄牙人抵達種子島（鐵砲傳入）	

註：勘合貿易：明朝與日本兩國間的商業交易活動。明日貿易當時因為需要使用到名為「勘合符」的許可證，故稱。同時期的貿易活動也包括明朝與中南半島間的貿易活動、日本與朝鮮（李氏朝鮮）間的日朝貿易活動等。

為中世紀歐洲增色的
眾家英雄

亞瑟王

King Arthur

不列顛的傳奇君王

◆◆◆

頭銜：不列顛之王　　父：烏瑟王　　母：伊格賴因
子：莫德雷德　　後繼者：傳說由高文承繼

　　亞瑟王是不列顛國王烏瑟‧潘德拉剛[註]的私生子，受烏瑟王之託由魔法師梅林扶養。十五歲的時候，亞瑟從石頭中拔出了據傳唯有真正王者才能取出的「斷鋼神劍」，從此繼承了烏瑟王崩逝後空懸已久的王位。後來亞瑟也建立起涵蓋西歐的大王國、迎娶桂妮薇亞為妃，麾下更有圓桌武士效忠跟隨。

　　後來亞瑟王發現摯友圓桌武士蘭斯洛與桂妮薇亞私通，於是他讓自己跟異父胞姐所生的亂倫子莫德雷德留守不列顛，親征法國討伐蘭斯洛，豈料這廂莫德雷德竟也謀反。亞瑟迅速回師打敗了同樣垂涎桂妮薇亞的莫德雷德，可是自己也身受重傷，為治療傷勢而乘坐小船離開不列顛航向亞法隆，而不列顛王國也在亞瑟王離開以後走上了逐漸衰退的道路。

註：烏瑟‧潘德拉剛（Uther Pendragon）：凱爾特語中「pen」是「大」的意思，而「dragon」意指「頭目、首領」。

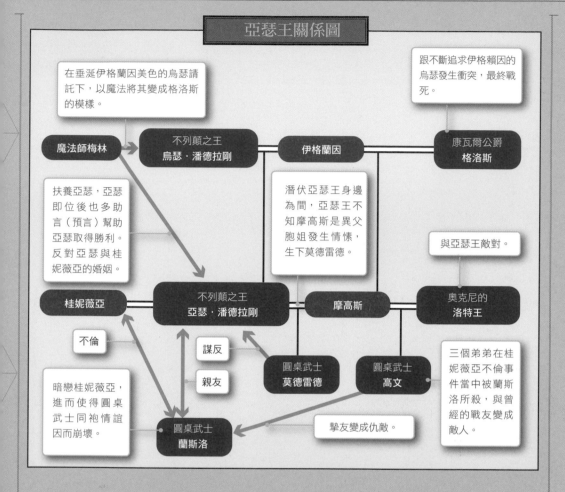

亞瑟王關係圖

在垂涎伊格蘭因美色的烏瑟請託下，以魔法將其變成格洛斯的模樣。

跟不斷追求伊格賴因的烏瑟發生衝突，最終戰死。

魔法師梅林　→　不列顛之王 烏瑟·潘德拉剛 ── 伊格蘭因 ── 康瓦爾公爵 格洛斯

扶養亞瑟，亞瑟即位後也多助言（預言）幫助亞瑟取得勝利。反對亞瑟與桂妮薇亞的婚姻。

潛伏亞瑟王身邊為間，亞瑟王不知摩高斯是異父胞姐發生情愫，生下莫德雷德。

與亞瑟王敵對。

桂妮薇亞 ── 不列顛之王 亞瑟·潘德拉剛 ── 摩高斯 ── 奧克尼的 洛特王

不倫

謀反
親友

圓桌武士 莫德雷德　　圓桌武士 高文

三個弟弟在桂妮薇亞不倫事件當中被蘭斯洛所殺，與曾經的戰友變成敵人。

暗戀桂妮薇亞，進而使得圓桌武士同袍情誼因而崩壞。

圓桌武士 蘭斯洛　　摯友變成仇敵。

✵ 諸多版本的亞瑟王傳說

八世紀末的史書《不列顛人的歷史》曾記載到六世紀有個名為亞瑟的凱爾特武將擊退入侵不列顛的日耳曼裔撒克遜人，但凱爾特文化終究還是遭到盎格魯撒克遜人消滅，而「亞瑟」此名也因此在期盼國家復興的凱爾特人寄情之下漸漸地傳奇化、英雄化。

十二世紀蒙茅斯的喬佛瑞創作的歷史故事《不列顛諸王史》當中寫到魔法師梅林、王妃桂妮薇亞、莫德雷德以及聖劍斷鋼神劍，應是亞瑟王傳說之原型。

同樣十二世紀，亞瑟王傳說又因法國詩人

克雷蒂安·德·特魯瓦等人而另外添加了蘭斯洛、聖杯傳說（p.64）、圓桌武士（p.10）等元素。

此後亞瑟王傳說仍陸續發展衍生，直到十五世紀英國作家湯瑪斯·馬洛禮所著《亞瑟之死》集大成，流傳至今。然則亞瑟王的故事並未因此陷入單一化，比如說有的版本記載斷鋼神劍並非亞瑟從巨石中拔出，而是湖中仙女所授，也有其他版本指出圓桌武士的人數多達一百五十人甚至三百人之譜。

圓桌武士

亞瑟王的傳奇騎士團

◆◆◆

　　亞瑟王傳說乃由親冒矢石的戰鬥國王亞瑟，以及亞瑟身邊眾家英雄所構成。圓桌是平等的象徵，人們相信圓桌體現了尋常封建社會身分制度下無法實現的亞瑟王理想統治體制。

　　各種版本傳說對圓桌武士共有幾人、成員有誰一直以來眾說紛紜，往往也沒有列出完整的名單，不過蘭斯洛、高文、帕西法爾、崔斯坦、莫德雷德等核心人物在大多數的傳說當中都有登場出現。

　　圓桌武士成立當初原本是個為亞瑟王征戰的集團，直到後來彼等的使命才變成了尋找聖杯。

　　這些活躍於十二世紀中期眾武士的故事，從今往後仍然要繼續傳唱下去。

☆崔斯坦又以他跟伊索德的悲戀故事聞名於世。曾經崔斯坦擔任康瓦爾國王馬克的求親使者去迎娶愛爾蘭的公主伊索德，可是兩人也在旅途中發展出情愫。即便崔斯坦後來跟另一個伊索德（白手伊索德）結了婚，他還是無法忘懷已嫁作王妃的金髮伊索德。後來崔斯坦身負重傷命危之際，曾經呼喚擁有治癒傷勢之異能的伊索德，可是白手伊索德謊稱她不會來，令崔斯坦絕望而死。而金髮伊索德直到崔斯坦嚥氣後才珊珊來遲，最終也緊緊依偎著崔斯坦的屍身嚥下了最後一口氣。

☆《崔斯坦和伊索德》
西班牙畫家羅傑利奧·德·埃古斯基薩所繪。

☆《The Book of Romance》
（1902）畫中的蘭斯洛與聖杯
相傳聖杯（p.64）能夠治療一切疾病與傷勢，還會懲罰制裁不誠之人。有一則故事就描述蘭斯洛千辛萬苦尋到聖杯，他卻在眼睛望向聖杯的當口倏地倒下，原來這是因為蘭斯洛跟主君亞瑟之妻有不倫關係而然。

☆主要的圓桌武士

☆蘭斯洛（Lancelot）

相傳蘭斯洛是由湖中仙女撫養長大，並且在修練武藝的旅途中結識亞瑟王並成為亞瑟的臣子。其武勇當世無雙，歷經無數決鬥始終未嘗敗績。蘭斯洛若論騎士風範堪稱是完美無瑕，壞就壞在他跟王妃娃妮薇亞的不倫戀。為拯救因不倫罪名判處死刑的桂妮薇亞，蘭斯洛還不惜殺死好幾名圓桌武士，直到最終亞瑟王也駕崩以後，蘭斯洛才在愧咎之下出家為僧。

☆帕西法爾（Percival）

帕西法爾論出身其實本來跟騎士八竿子打不著，他是在威爾斯某個森林中巧遇一名騎士、心生憧憬，後來才會以騎士身分加入亞瑟王麾下。他尤其擅使長槍，其槍術甚至可以跟蘭斯洛戰得平分秋色。儘管曾經一度失敗，不過帕西法爾最終還是與加拉漢、鮑斯一起找到了聖杯，成功達成圓桌武士尋找聖杯的使命。

☆高文（Gawain）

高文是奧克尼國王洛特與亞瑟同母異父胞姐摩高斯之子，他與亞瑟分屬甥舅，高文的三個弟弟亞格拉賓、加荷里斯、加雷斯也都是圓桌武士。傳說高文曾經順利通過「綠騎士」的騎士道精神試練。他與蘭斯洛決鬥的舊傷未癒便又去跟莫德雷德戰鬥，終於戰死。

☆莫德雷德（Mordred）

高文同母異父的弟弟。他其實是亞瑟跟摩高斯生下的不倫之子，亞瑟卻以為莫德雷德是自己的外甥、信任極篤。豈料莫德雷德竟然趁亞瑟王出兵法國討伐蘭斯洛時發動叛變，更要求退守倫敦塔的桂妮薇亞做自己的妃子。亞瑟王緊急率軍回師反攻，莫德雷德在單挑當中死於亞瑟之手，這廂亞瑟卻也受到危及性命的重傷。

☆加拉漢（Galahad）

艾蓮用魔法變成桂妮薇亞模樣以後跟蘭斯洛生下的兒子，後來也成長為一名不亞於父親的偉大騎士。他不畏詛咒、坐進圓桌空懸已久的「危機席位」，從此成為圓桌武士的一員。加拉漢最終成功找到聖杯，以最純潔騎士之身分蒙天恩召。

☆其他圓桌武士

崔斯坦（Trsitan）……尤以他跟伊索德的悲劇戀情聞名於世。

凱伊（Kay）……亞瑟的結義兄長（也是養兄弟）。

貝德維爾（Bedivere）……受亞瑟命令將斷鋼神劍歸還給湖中仙女。

鮑斯（Bors）……跟帕西法爾、加拉漢一同發現聖杯的其中一人。

Charles the Great

查理大帝（查理曼）

傳奇的「歐洲之父」

頭銜：法蘭克國王　　父：丕平三世　　母：貝特拉達（另有異說）
子：丕平、路易一世等　　後繼者：路易一世

　　查理大帝[註]固然是偉大的君王，過失卻也不少。他不聽能臣羅蘭和奧利佛的忠告，反而信任叛徒加納隆，便是他最大的失察。

　　加納隆是查理大帝在西班牙對抗薩拉森人（伊斯蘭教徒）、薩拉森人遣使求和當時查理大帝陣營派出去的使者。他密謀要除掉羅蘭，於是便鼓動薩拉森人殺害前去收取和談貢物的羅蘭一行人，羅蘭中計被大軍團團包圍在龍塞斯瓦列斯山口。羅蘭一眾身經百戰的聖騎士（Paladin）雖然幾經浴血奮戰，還是一個接著一個遭擊斃。直到摯友奧利佛也戰死沙場，羅蘭才吹響號角呼喚本陣大軍，查理大帝聞號趕緊率軍馳援殺到，只見羅蘭把愛劍杜朗達爾如同十字架般緊緊揣在懷裡，早已經斷氣身亡。查理大帝後悔莫及，率領大軍將薩拉森的都城薩拉戈薩燒個精光，並且殺死加納隆將其屍體大卸八塊。

註：查理大帝（Charles the Great）中文慣稱「查理曼」（Charlemagne）或「查理曼大帝」，不過法文「magne」一詞乃由拉丁語「偉大的」（magnus）演變而來，因此本來就已含有「大帝」之意。

查理大帝相關年表

[768] 即位法蘭克國王
[772] 出兵征討薩克森人
[774] 征服倫巴底王國
[778] 與後倭馬亞王朝（至今仍存在於西班牙南部的伊斯蘭勢力）開戰
　　　龍塞斯瓦列斯山口戰役（對抗庇里牛斯山脈的巴斯克人勢力）
[788] 吞併巴伐利亞公國
[791] 壓制斯拉夫人、阿瓦爾人
[795] 於西班牙邊境設置伯國
[800] 即位西羅馬皇帝
[804] 成功征服薩克森人

法蘭克王國
查理大帝開拓的領土
查理大帝曾經派兵的區域

薩克森人
斯拉夫人
巴黎
法蘭克王國
阿瓦爾人
倫巴底王國
龍塞斯瓦列斯
巴斯克人
庇里牛斯山脈
伊比利半島
後倭馬亞王朝

★《Roland at the Battle of Roncesvalles》所繪羅蘭

路易‧菲利克斯（1843～1907）的蝕刻版畫。馬背上的羅蘭正在吹響號角。

★真實的龍塞斯瓦列斯之役

　　查理大帝（查理曼）是史實人物。身為基督教的庇護者，查理大帝征伐對抗未開化的薩克森人和伊斯蘭教勢力，拓展法蘭克王國的疆域版圖。西元800年受教宗加冕登基成為西羅馬帝國的皇帝。他又推動研究古典文化等文教政策，實現了史稱「卡洛林文藝復興」的文化盛世。

　　因為這些光榮偉大的歷歷功績，才有後來所謂的查理曼傳說。也不知道是否有意要與亞瑟王傳說分庭抗禮，查理曼傳說同樣也是蹈襲「以國王為中心，環繞以富有基督教式騎士道精神的眾臣下」的形式。只不過此傳說中的查理曼不但曾經因為誤信叛徒而痛

失重臣，也曾因為溺愛不成材的兒子夏洛特而驅逐心腹，其作為與史實中的賢明君王形象相去甚遠，反而羅蘭（Roland）、奧利佛（Oliver）和李拿度（Rinaldo）等十二聖騎士可以說才是查理曼傳說的主線。

　　再說到龍塞斯瓦列斯之役，歷史上確實曾經發生過這個戰役。查理大帝出兵征討伊比利半島當時，回程中負責殿後的布列塔尼邊境伯爵羅蘭遇襲以致部隊全滅，不過襲擊羅蘭所部的其實並非伊斯蘭勢力，而是都城遭法蘭克王國大軍遠征攻破、亟欲復仇的巴斯克人。

查理曼的十二聖騎士

效忠大帝的聖騎士眾

　　從前有個絕世美女安潔莉卡和騎士阿迦利亞兩姐弟出現在查理曼舉辦的慶典，安潔莉卡揚言：「誰只要能和我弟弟比試長槍勝了，就能得到我作獎品。如果我弟弟勝了，敗者就要作我們的俘虜。」此二人其實是震旦（中國古名）派來攻擊查理曼的細作。阿迦利亞的長槍擁有所向披靡的神力，而安潔莉卡的戒指則是可以抵禦一切魔法。

　　羅蘭、李拿度、阿斯托爾佛等十二聖騎士不知其中蹊蹺，正要趕往森林中比試長槍的會場，待來到森林山泉處，李拿度飲下泉水的瞬間，原本極為濃烈的愛慕情意竟然消失得一乾二淨，原來這泉水被施以了斷絕情意的魔法。另一邊也有一口施有相反魔法的泉水，陰錯陽差之下安潔莉卡飲下泉水以後立刻瘋狂地愛上了李拿度，可是李拿度卻是看也不看她一眼，轉身就離開了森林。

✵十二聖騎士的主要人物

✵羅蘭（Roland）

羅蘭是法語讀音，義大利語讀作奧蘭多。羅蘭是查理曼胞妹之子（外甥），手中一柄聖劍杜朗達爾，是十二聖騎士之首。羅蘭後來愛上了安潔莉卡，還在得知安潔莉卡嫁給薩拉森人時幾乎發瘋，性格不可謂不烈。最終戰死於龍塞斯瓦列斯山口的激戰之中。

✵奧利佛（Oliver）

從小跟羅蘭一起長大的朋友。龍塞斯瓦列斯山口之役中與羅蘭並肩奮戰，先行戰死犧牲。

✵李拿度（雷諾德、雷諾迪）（Rinaldo）

查理曼的外甥，羅蘭的從兄弟。他先是得罪查理曼之子夏洛特遭到放逐，後來又因愛駒貝亞德被殺而決定出家。死後受人奉為多特蒙德（註）的守護者，當地建有聖雷諾德教會祭祀。

✵阿斯托爾佛（Astolpho）

英格蘭國王之子。因緣際會下得到阿迦利亞的魔法長槍成為使槍能手，多有建樹。阿斯托爾佛曾在羅蘭失戀陷入半瘋狂狀態時前去為他求取祕藥，讓羅蘭恢復了理智。

✵布拉達曼特（Bradamante）

女戰士布拉達曼特是李拿度胞妹，她從阿斯托爾佛手中得到阿迦利亞的魔法長槍，從此戰鬥力大增。她與薩拉森勇士魯傑羅相愛卻遭父母反對，要她嫁給別人。於是布拉達曼特宣布，哪方能夠戰勝自己就嫁給哪方，而魯傑羅最終也順利戰勝，兩人結成連理。

✵馬拉吉吉（Malagigi）

李拿度的從兄弟，是名魔法師。由妖精奧里安德扶養長大，更因此獲得強大的魔力。馬拉吉吉也是受到安潔莉卡誘惑的其中一人。李拿度便是在他的引導之下獲得了名駒貝亞德。

✵加納隆（Ganelon）

羅蘭母親的再婚對象。因為年齡相仿頗受查理曼器重，其實卻是個履進讒言陷害十二聖騎士的背骨仔。他還設計陷害向來輕視自己的羅蘭等人，令羅蘭喪命於龍塞斯瓦列斯之役，不過他最終也因此遭到處死。

註：多特蒙德（Dortmund）：德國西部北萊茵-西伐利亞邦的重要城市，位於魯爾區東部。

✵哀悼羅蘭的查理曼（查理大帝）

讓·富凱（1420～1481）以龍塞斯瓦列斯之役為主題的畫作。羅蘭擅使希臘神話最強戰士赫克托爾愛用的聖劍杜朗達爾，是名一騎當千的武將。羅蘭尤以他跟安潔莉卡轟轟烈烈的愛情及其武勇特別受到中世紀歐洲傳揚歌誦。

✵聖雷諾德教會

德國西部多特蒙德祭祀李拿度（雷諾德）的教會。1250～1270年間建造。

威廉・泰爾

William Tell

成為瑞士精神力量泉源的男子

◆◆◆

頭銜：獵人　　父：不詳　　母：不詳　　子：不詳

　　1307 年 11 月，哈布斯堡家（奧地利公國）派遣總督葛斯勒將象徵皇帝權威的帽子高高掛在廣場，命令任何人路過都要對帽子敬禮，唯獨神箭手威廉・泰爾卻無視帽子逕直通過。作為懲罰，葛斯勒要求泰爾用箭射穿頂在兒子頭頂的蘋果。泰爾別無選擇，只能取一支箭插在腰帶上，再取一支箭就射擊姿勢。箭如流星，果然命中了蘋果，連葛斯勒都拍手喝采。葛斯勒又問道為何備了兩支箭，泰爾答道：「如若傷了我兒，另一支箭射的就是你的心臟。」

☆ 反抗哈布斯堡家的象徵

葛斯勒因為丟了面子而將泰爾投獄，豈料泰爾尋隙逃出並憑著第二支箭果然射死了葛斯勒。此事件激起瑞士民眾奮起反抗哈布斯堡家統治，並且在莫爾加滕戰役中擊敗了哈布斯堡家族的軍隊。

儘管並無文獻資料佐證，可是絕大多數瑞士人仍然選擇相信建國英雄威廉·泰爾是史實人物，因為哈布斯堡家族恰恰正是瑞士建國的最大阻礙。

哈布斯堡家源自今日瑞士的北部，很早就有野心占領統治位於交通要衝的瑞士，可是礙於神聖羅馬帝國皇帝承諾瑞士各州以自由、自治（帝國自由）的特許狀而無法實現。

1273 年，哈布斯堡家族的魯道夫一世透過巧妙的外交戰略獲選為神聖羅馬帝國皇帝，一夜之間敵對者竟然當上了原先庇護勢力的首腦、引得瑞士大感危機，促使烏里州、舒維茲州和翁特瓦爾登州（即今日的上瓦爾登與下瓦爾登）三州結成原始的三州同盟，並於1315 年的莫爾加滕戰役當中擊敗了試圖武力壓制的哈布斯登堡家。

【中世紀歐洲年表】
[1231] 神聖羅馬帝國賦予烏里等州以自治權。
[1273] 哈布斯登堡家魯道夫一世即位神聖羅馬帝國皇帝。
[1291] 8 月 1 日原始三州結成同盟。
　　　 後來瑞士便是以此日作為建國紀念日。
[1307] 威廉·泰爾暗殺總督？
[1315] 原始三州同盟於莫爾加滕戰役中獲得勝利。
[1353] 琉森、蘇黎世、伯恩等州加入，形成八州同盟。
[1388] 奈弗爾斯戰役，八州同盟戰勝哈布斯堡家。

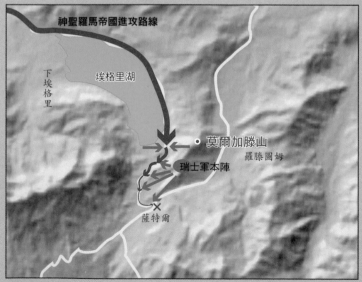

★哈布斯堡家族為染指連接德法地區與南歐義大利的交通要衝瑞士，遂發動神聖羅馬帝國軍隊南下進攻。另一方面，戰力較遜的瑞士軍隊為將地形優勢最大化，選擇將兵力安排布陣在莫爾加滕山，趁帝國軍通過埃格里湖南方狹谷時從山腰投擲落石滾木發動多次奇襲攻擊，成功擊退了帝國軍。

威廉・華勒斯

William Wallace

蘇格蘭的守護者

◆◆◆

頭銜：蘇格蘭騎士　　父：馬爾科姆・華勒斯（傳說）　　母：不詳
子：不詳　　繼任者：勞勃・布魯斯（勞勃一世）

十三世紀末蘇格蘭遭英格蘭侵略，民眾為其苛政所苦。

1297 年 5 月，威廉・華勒斯的情人梅倫遭蘇格蘭南部拉納克州的治安官赫瑟里格殺害，據說是因為梅倫拒絕了赫瑟里格之子的求愛，令致華勒斯憤而殺死赫瑟里格報仇。從此蘇格蘭人開始集結在華勒斯身邊，發展成大規模的反抗運動。英格蘭派遣軍隊欲鎮壓叛亂，同年 9 月，雙方在史特靈正面交戰。眼前七千叛軍面對著為數兩萬的英格蘭軍隊，華勒斯看著橫亙中間分隔敵我陣營的福斯河，決意趁著英軍前鋒部隊渡過兩匹馬勉強可以並行的橋樑時，以最精銳的長槍部隊發動突襲。前鋒與後隊被切斷的英軍頓時陷入大亂，戰死者多達五千之眾，以英格蘭大敗告終。

✬後續的反抗英格蘭運動

蘇格蘭民族英雄威廉‧華勒斯是位史實人物。傳說中遭治安官殺死的情人梅倫固然可能是後世杜撰的角色，不過其他情節倒是幾乎與史實無二。後來華勒斯在福爾柯克之役中敗給善戰的英王愛德華一世，辭去蘇格蘭實質執政官所謂「蘇格蘭護國主」的職位，然後遠渡法國、義大利等地尋求境外勢力支援蘇格蘭的反抗運動。

同時間英格蘭也並未消停仍然不斷進軍，直到 1303 年終於壓制蘇格蘭全境。愛國的華勒斯祕密潛逃回國，卻遭同伴背叛被捕，最終送到倫敦被處以扯斷四肢的車裂死刑。愛德華一世本欲藉此殘酷暴虐的刑戮挫挫反抗運動者的士氣，只不過到了華勒斯的繼任者勞勃‧布魯斯（後來的蘇格蘭國王勞勃一世）出任蘇格蘭護國主的時代，蘇格蘭就已經恢復獨立了。

✬史特靈橋戰役

英格蘭軍從史特靈城進發，華勒斯所率蘇格蘭軍則是布陣在一個叫作克雷格修道院的山丘。華勒斯將英格蘭軍引到福斯河上一座小小的史特靈橋，向渡橋過來的英格蘭士兵發動進攻，英格蘭軍陷入甕中捉鱉的絕境，死傷慘重大敗而走。

華勒斯因為此戰大勝而受封為爵士，並就任蘇格蘭護國主。另一方面，英格蘭國王愛德華一世也決定暫停對法國的作戰，調集大軍攻打蘇格蘭。

✬華勒斯國家紀念塔
座落於克雷格修道院山丘，是十九世紀透過國民捐贈籌集資金所建。

【蘇格蘭獨立戰爭年表】
[1294] 蘇格蘭國王約翰‧巴里奧與法國結盟。
[1296] 愛德華一世（英格蘭國王）廢除巴里奧王位、將其投獄。
[1297] 史特靈橋戰役，蘇格蘭戰勝。
[1298] 福爾柯克之役，英格蘭戰勝。
[1305] 威廉‧華勒斯遭處死刑。
[1306] 勞勃‧布魯斯即位為蘇格蘭國王，是為勞勃一世。
[1307] 愛德華一世病逝，愛德華二世（英格蘭國王）即位。
[1314] 班諾克本戰役，蘇格蘭戰勝。
[1328] 愛德華三世（英格蘭國王）承認蘇格蘭獨立。
[1603] 受伊莉莎白一世（英格蘭國王‧愛爾蘭國王）庇護的蘇格蘭王子詹姆斯六世即位成為英格蘭國王詹姆斯一世，從此採同君聯合體制。
[1707] 頒布聯合法令，包含蘇格蘭在內的大不列顛王國成立。
[2014] 實施蘇格蘭獨立公民投票，遭到否決。

✬ 呼籲脫離聯合王國的海報。華勒斯追求蘇格蘭獨立的願望至今仍然不曾消逝。

羅賓漢
Robin Hood

義助理查一世的俠盜

　　從前神箭手羅賓漢跟一身怪力的小約翰、豪傑塔克修士等同伴住在雪伍德森林（英格蘭中部諾丁漢郡北方的一個森林）。他們對抗諾丁漢為害領民的惡德治安官，又多次搶奪貪婪聖職者和貴族的財物來劫富濟貧，也因此被地方掌權者視為不法之徒。

　　時值十二世紀末，英格蘭國王理查一世（獅心王 → p.30）在第三次十字軍東征歸途中竟然在奧地利遭人所囚，而理查的胞弟約翰也趁著國王離國的這個空檔陰謀篡位。面對掌握實權施行暴政的約翰，羅賓漢化名洛克斯利與其對抗。理查逃離奧地利回到英格蘭以後，洛克斯利又幫助理查成功降伏了約翰。理查國王正欲道謝，洛克斯利才說道：「我的本名並非洛克斯利。我正是惡名昭彰的羅賓漢是也。」表明身分。

✦拯救獅心王成為英雄

獅心王理查一世得知洛克斯利的真實身分以後，只道：「哦哦！那個不法者之王、豪爽男兒漢就是你呀！我離國期間諸多混亂，你們那些事我也不打算再追究了。」直接赦免了羅賓漢的罪。

句信羅賓漢傳說是根據史實創作的故事。故事原型應是成立於十五世紀前後，而所謂「神射手、俠盜」則據說是近代以後才另外賦予的屬性設定。即便如此，羅賓漢在英國成為「英雄行徑的法外之徒」代名詞，可見其傳說早已深植於當地民眾心中。

☆英國諾丁漢城堡前的羅賓漢雕像。

✦羅賓漢的模板人物

羅賓漢的人物設定跟中世紀的騎士道精神可謂是截然不同的兩個極端。騎士全身甲冑密不透風、手持長槍和盾牌、馬上馳騁，羅賓漢卻是一身輕裝、擅使弓箭。羅賓漢不住城堡卻以森林為根據地，幹的是美其名為義賊俠盜的強盜行為。

警覺者赫爾沃德是羅賓漢的眾多模板人物其中之一，從他身上同樣也可以觀察到這種法外之徒的英雄形象。相傳赫爾沃德本是盎格魯撒克遜人的貴族，1066 年諾曼征服當時反抗諾曼人統治，後來因領地遭到剝奪而開始從事游擊戰反抗活動。話說回頭，雖說名為「征服」，但其實盎格魯撒克遜人和諾曼人都同屬日耳曼系統、文化背景相當類似，所以實際情形應該頗異於一般想像中的異族征服統治。也是因為這個緣故，十六世紀以後才會再增生出此類襄助日耳曼金雀花王朝理查一世（獅心王）的故事。

✦諾曼征服

1066 年諾曼第公爵威廉征服英格蘭，史稱諾曼征服。威廉是英格蘭盎格魯撒克遜王朝國王宣信者愛德華（在位：1042 ～ 1066）的遠親，曾經得其允諾王位繼承權，愛德華死後卻由其義弟哈洛德二世即位，威廉遂憤而舉兵。威廉在黑斯廷斯之戰中獲得勝利，是乃創立諾曼第王朝的威廉一世，而現今的英國王朝正是起源自這個諾曼第王朝。

威廉一世開創英格蘭王朝以後仍然繼續使用法語，今日英語處處可以發現法語的痕跡，據說便是來自於這個歷史背景。

☆法國北部諾曼第地區的統治者威廉幾乎將整個英格蘭全境悉數納入囊中。

聖女貞德

Jeanne d'Arc

1412-1431

馳騁沙場的法國救世主「奧爾良的少女」

頭銜：軍人　　父：雅克・達爾克　　母：伊莎貝拉・洛美
子：無

　　1429年，一名自稱預言者的女子貞德在希農城拜訪法國王儲查理，據說她得到上帝的宣命要「驅逐奧爾良的英軍，助查理在蘭斯加冕，使巴黎重回法國懷抱」。時值英法百年戰爭期間，法國正因為勃艮第黨人叛亂、英格蘭侵略而陷入傾危。

　　於是聖女貞德加入了馳援奧爾良的援軍行伍，往赴最前線殺敵作戰。她肩頭中箭仍堅持起身再戰的精神大大鼓舞士氣，令致法軍在奧爾良獲得大勝。接著她又連下數城直抵蘭斯，果然實現了當初所說讓查理在聖母院教堂加冕即位為查理七世的預言。貞德又繼續揮動兵鋒要解放巴黎，可惜她終究沒能親眼目睹這第三項神託的實現，因為貞德遭到勾結英格蘭人的勃艮第黨人所擒，而查理竟然見死不救，使得貞德受到異端審判被火刑燒死，得年僅十九歲。

✡百年戰爭概略

　　百年戰爭之遠因最早可以回溯追究到諾曼征服。諾曼征服以後的英格蘭國王乃是法蘭西國王的封臣，在歐洲大陸不但有領土封地，而且英法雙方王室還多次聯姻締結姻親關係。

　　1328年法王查理四世薨逝、卡佩王朝王嗣斷絕，英格蘭國王愛德華三世以母親乃卡佩王朝出身為由要求繼承王位，這廂法國貴族卻推舉查理四世的從兄弟即位，是乃腓力六世。兩國對立裂痕愈發加劇，1337年腓力六世決定沒收當時仍是英格蘭領地的亞奎丹地區（今法國西南部），百年戰爭就此爆發。進入十五世紀以後，法國內有勃艮第公爵崛起與國王派對立，外有英格蘭發兵侵略，國勢疲弊交迫。貞德就是在這樣的狀況之下現世的一顆慧星。

★當時英格蘭王國仍保有王室出身地諾曼第地區，以及亞奎丹地區這兩個領地。亞奎丹當時便是、至今也仍然是葡萄酒的重要產地，而英格蘭還企圖染指出產羊毛的佛蘭德斯地區。換言之，當時法蘭西王國正受到英格蘭王國來自南北兩個方向的夾擊侵蝕。

★從英國的戰略角度來看，拿下奧爾良便能打開通往法國中部的突破口，而對法國來說奧爾良則是最後一道防線。這場戰鬥率延持續長達半年，直到聖女貞德參戰才使戰況為之一變。英軍戰線崩潰，法國則是獲得了終結百年戰爭的一場重要勝利。1453年，法軍驅逐亞奎丹首都波爾多的英軍，百年戰爭至此正式告終，而英格蘭也幾乎喪失了位於歐洲大陸的所有領地。

★聖母院大教堂的聖女貞德像

對英格蘭人來說，貞德是自稱受到上帝預言、陷英軍於絕境的女巫，所以要透過宗教審判將其火刑處死。相對地在法國人眼中貞德根本就是聖女，後來也逐漸受到神格化。

Justinianus I

查士丁尼一世

483-565

恢復帝國疆域的農家子

頭銜：東羅馬帝國皇帝（527～565年在位）　父：塞巴提烏斯 母：維吉蘭提婭
子：查士丁二世（養子）等人　繼任者：查士丁二世

　　統治範圍幾乎覆蓋整個地中海世界全域的拜占庭（東羅馬帝國）皇帝查士丁尼一世，其實是個從農家子出身登上權力巔峰的人物，而他長達38年的治世卻也不乏苦難。西元532年甫即位僅僅五年，君士坦丁堡（今伊斯坦堡）民眾便不堪稅賦繁重、警察權力蠻橫暴虐，以「尼卡（勝利）」為口號掀起了大規模暴動「尼卡暴動」。

　　查士丁尼一世命令將軍貝利撒留派兵鎮壓，然則一時之間暴動勢難可擋，迫使皇帝眼看著就要流亡逃命。當此時刻，皇后狄奧多拉只道：「事已至今就不要再逃了。皇帝的紫袍正是最美麗的裹屍布。」查士丁尼一世聞言頓生覺悟，他要貝利撒留別因為面對的都是市民群眾所以心存憐憫，命令軍隊正面突擊。查士丁尼一世就此將暴動鎮壓下來，後來也在狄奧多拉和貝利撒留的輔助下成為了功業堪稱「大帝」的君主。

104台北市民生東路二段141號11樓

英屬蓋曼群島商家庭傳媒股份有限公司城邦分公司 收

- -

請沿虛線對摺，謝謝

每個人都有一本奇幻文學的啟蒙書

奇幻基地粉絲團：http://www.facebook.com/ffoundation

書號：**1HR054C**　　　書名：中世紀歐洲圖鑑（精裝）

｜奇幻基地 · 2024山德森之年回函活動｜

好禮雙重送！入手奇幻大神布蘭登・山德森新書可獲2024限量燙金藏書票！
集滿回函點數或購書證明寄回即抽山神祕密好禮、Dragonsteel龍鋼萬元官方商品！

【2024山德森之年計畫啟動！】購買2024年布蘭登・山德森新書《白沙》、《祕密計畫》系列（共七本），各單書隨書附贈限量燙金「山德森之年」藏書票一張！購買奇幻基地作品（不限年份）五本以上，即可獲得限量隱藏版「山德森之年」燙金藏書票；購買十本以上還可抽總值萬元進口龍鋼公司官方商品！

好禮雙重送！「山德森之年」限量燙金隱藏版藏書票＆抽萬元龍鋼官方商品

活動時間： 2024年1月1日起至2024年10月30日前（以郵戳為憑）
抽獎日： 2024年11月15日。
參加辦法與集點兌換說明： 2024年度購買奇幻基地任一紙書作品（**不限出版年份，限2024年購入**），於活動期間將回函卡右下角點數寄回奇幻基地，或於指定連結上傳2024年購買作品之紙本發票照片／載具證明／雲端發票／網路書店購買明細（以上擇一，前述證明需顯示購買時間，連結見奇幻基地粉專公告），寄回五點或五份證明可獲限量隱藏版「山德森之年」燙金藏書票，寄回十點或十份證明可抽總值萬元進口龍鋼公司官方商品！

活動獎項說明

■ **山神祕密耶誕好禮 +「寰宇粉絲組」（共2個名額）**

布蘭登的奇幻宇宙正在如火如荼地擴張中。趕快找到離您最近的垂裂點，和我們一起躍界旅行吧！
組合內含：1. 躍界者洗漱包 2. 躍界者行李吊牌 3. 寰宇世界明信片 4. 寰宇角色克里絲別針。

■ **山神祕密耶誕好禮 +「天防者粉絲組」（共2個名額）**

衝入天際、邀遊星辰，撼動宇宙！飛上天際，摘下那些星星！組合內含：1. 天防者飛船模型 2. 毀滅蛞蝓矽膠模具 3. 毀滅蛞蝓撲克牌 4. 寰宇角色史特芮絲別針。

特別說明

1. 活動限台澎金馬。本活動有不可抗力原因無法執行時，主辦單位有權決定取消、中止、修改或暫停本活動。
2. 請以正楷書寫回函卡資料，若字跡潦草無法辨識，視同棄權。
3. 活動中獎人需依集團規定簽屬領取獎項相關文件、提供個人資料以利財會申報作業，開獎後將再發信請得獎者填妥資訊。若中獎人未於時間內提供資料，主辦單位有權取消得獎資格。
4. 本活動限定購買紙書參加，懇請多多支持。

個人資料：

姓名：＿＿＿＿＿＿＿ 性別：＿＿＿＿ 年齡：＿＿＿ 職業：＿＿＿＿＿ 電話：＿＿＿＿＿＿＿

地址：＿＿＿＿＿＿＿＿＿＿＿＿＿＿ Email：＿＿＿＿＿＿＿＿＿＿＿ □ 訂閱奇幻基地電子報

想對奇幻基地說的話或是建議：＿＿＿＿＿＿＿＿＿＿＿＿＿＿＿＿＿＿＿＿＿

請剪下右邊點數，集滿十點寄回奇幻基地即可參加抽獎，影印無效。

【查士丁尼一世年表】

[483] 生於內索斯（今塞爾維亞的尼什）
[518] 養父查士丁一世即皇帝位
[527] 即位拜占庭（東羅馬）皇帝
[532] 與波斯薩珊王朝締結永遠和平條約
　　　尼卡暴動
[533] 貝利撒留占領迦太基
[534] 頒布查士丁尼法典
[536] 貝利撒留進入羅馬城
[537] 於君士坦丁堡重建聖索菲亞大教堂
[548] 狄奧多拉逝
[554] 壓制伊比利半島東南
[565] 貝利撒留逝
　　　查士丁尼一世崩

★ 現在的聖索菲亞大教堂（阿亞索菲亞大教堂）。自從查士丁尼一世重建以來，至今已經歷千年以上。「Hagia」是希臘語、「Aya」則是土耳其語的「神聖」之意，而「索菲亞」則是「睿智」的意思。

【查士丁尼一世拓展的帝國版圖】

內索斯
黑海
君士坦丁堡
羅馬
東羅馬帝國
伊比利半島
迦太基
地中海

■ 查士丁尼一世即位前
　 533-534 年
　 535 年
■ 536-555 年
■ 552-554 年

★ 義大利拉溫納聖維塔教堂的馬賽克壁畫。正中央是查士丁尼一世，其右側據說就是貝利撒留。

☆ 自舅父手中繼承帝國皇位

查士丁尼一世（本名伯多祿・塞巴提烏斯）生於潘諾尼亞行省的內索斯（現在塞爾維亞的尼什）一農家。後來他受同為農家子出身的舅父、當時已是拜占庭帝國軍人的查士丁收為養子，並因此獲得受教育的機會。查士丁先是晉升成為將軍，而 518 年拜占庭帝國皇帝阿納斯塔修斯一世駕崩時並未冊立世子，元老院推選查士丁繼位為帝，史稱查士丁一世。不過查士丁一世是貧農出身的軍人、不識讀寫，實際政務均是交由通曉法學與神學的查士丁尼主持，也因此他在 527 年便已經當上了副帝凱撒，後來查士丁一世駕崩自己即位為正帝奧古斯都時，他早就是一位經驗豐富的皇帝了。而他最重要的盟友，當屬狄奧多拉和貝利撒留。狄奧多拉比皇帝年輕十七歲，相傳舞妓出身，也由於此緣故，再加上她對帝國人事任命有強大影響力，因此反對她的聲音相當多，同時代的歷史學家普羅科匹厄斯便有誹謗狄奧多拉的文件傳世。貝利撒留原是普羅科匹厄斯的顧問官，後來成為戰功歷歷的名將。自從鎮壓尼卡暴動以後，他為光復舊有西羅馬帝國領域而多次轉戰北非、義大利，實現了皇帝的政治目標。不過據說他非常執著於財物，甚至曾有十二世紀的小說描述他因貪財惡德遭神懲罰成一名盲眼乞丐。

克洛維一世

Clovis I
466-511

改宗天主教為法蘭克王國奠基

頭銜：法蘭克國王（481～511年在位）　父：希爾德里克一世 母：巴西娜
子：提烏德里克一世、克洛泰爾一世等人　繼任者：提烏德里克一世

　　克洛維一世是從前統治大半個高盧（現在的法國、瑞士、比利時一帶）的法蘭克王國墨洛溫王朝初代國王。他在父親死後繼位成為法蘭克人（日耳曼裔）部族的王，486年蘇瓦松戰役戰勝以來便長期與日耳曼裔諸部族爭戰對抗。在當時的日耳曼社會，土著宗教以及羅馬帝國斥為異端的亞流派基督教信仰仍然相當強大，克洛維一世本身也同樣繼承了祖先的信仰，其妻克洛蒂爾德卻是亞大納西派（天主教）的虔誠信徒。克洛蒂爾德幾次要求克洛維一世改宗，這廂卻是遲遲不肯。

　　496年，克洛維一世在現在的瑞士對抗日耳曼裔阿拉曼人時曾經一度瀕臨全滅，後來竟然成功度過危機獲得勝利，使他相信這必定是妻子信仰的神的庇護，遂決意改宗天主教，並且在498年的耶誕節接受洗禮。

【克洛維一世年表】

[466] 克洛維一世誕生
[476] 西羅馬帝國滅亡
[481] 克洛維一世繼承法蘭克人撒里族王位
[486] 於蘇瓦松擊敗羅馬將軍夏克立烏斯
[491] 擊退圖林根人侵略
[約493] 迎娶勃艮第王室的克洛蒂爾德
克洛維的姐妹嫁給東哥德國王狄奧多里克大帝
[496] 戰勝阿拉曼人
[498] 於蘭斯受洗（年代另有他說）
[500] 進攻勃艮第王國
[507] 武耶戰役擊敗西哥德王國的亞拉里克二世
[508] 受東羅馬皇帝阿納斯塔修斯一世授予奧古斯都（尊嚴者）稱號
[511] 克洛維一世薨

★《克洛維受洗》（約十五世紀的作品。收藏於華盛頓國家藝廊）

【法蘭克王國的擴張】

★克洛維一世先是整合法蘭克王國，又進攻西哥德王國擴張領土。法蘭克王國在克洛維一世死後仍繼續擴張，成為今日法國、德國和義大利的雛型。

✸ 巧妙的政治手腕

關於克洛維一世改宗天主教此事，傳說是因為他在對抗阿拉曼人戰情危急之際獲得奇蹟式勝利、深受神的庇護而感召，另有一說則反指他是先向基督教的神祈禱才獲得了勝利，宗教傳奇色彩可謂相當濃厚。然則事實上，這極有可能是克洛維一世的巧妙戰略。

西羅馬帝國滅亡的五世紀後半期當時，西歐四處是日耳曼諸部族的王國林立，還有移居高盧地區的高盧-羅馬人（拉丁裔）之類西羅馬帝國殘餘勢力存在。這樣的狀況之下，很難只憑著刀劍爭鋒脫穎崛起。克洛維一世先是迎娶勃艮第王室（日耳曼裔）的克洛蒂爾德，然後擊敗奧多亞塞、把妹妹嫁給統治義大利的東哥德國王狄奧多里克大帝（日耳

曼裔），多次採取政治聯姻。改宗天主教很可能同樣是他試圖在西歐擴張影響力的另一個刻意作為。當時的日耳曼社會當中，土著信仰和325年尼西亞公會議認定為異端的亞流派基督教仍然根深蒂固，克洛維一世便是於此時透過改宗取得包括高盧-羅馬人在內的亞大納西派基督教（天主教）信徒支持，一方面加緊進攻西哥德王國（日耳曼裔），另一方面則獲東羅馬皇帝阿納斯塔修斯一世授予奧古斯都（尊嚴者）稱號，確立自己高於其他日耳曼諸王的地位。克洛維一世更進一步與羅馬教會建立了密切關係，為後來法蘭克王國的繁榮奠定基礎。

格列高利七世

Gregorius VII

1020-1085

令國王拜伏的教宗

◆◆◆

頭銜：羅馬教宗（1073～1085年在位）　父：不詳　母：不詳
子：無　繼任者：維篤三世

1076年當時天主教會腐敗，諸如聖職買賣、聖職者娶妻之類情事比比皆是。此時登場的改革派教宗格列高利七世為肅正綱紀罷免了有問題的聖職者，並因此遭到當時握有聖職者任命權的皇帝、國王等世俗權力反對。德意志國王亨利四世（後來的神聖羅馬皇帝）聯合自己任命的聖職者召開會議，下令廢黜格列高利七世，相對地教宗則是將亨利四世絕罰、逐出教會作為對抗。

德意志國王本來並不以為意，豈料絕罰等於是宣布此人在基督教世界當中已死、威力極大，使得那些原先跟隨國王的高階聖職者紛紛與教宗和解，就連德意志國內的諸侯也跟著背叛。諸侯揚言若無法在一年內解除絕罰便要罷黜亨利四世，逼使亨利四世主動拜訪教宗停駐的卡諾沙城，在那裡祈禱三天三夜，才終於獲得赦免解除了絕罰。

☆卡諾沙之辱

查理大帝（查理曼）是史實人物。身為基督這次國王向宗教領袖屈膝求饒的故事，便是歷史聞名的「卡諾沙之辱」事件。

亨利四世雖然在卡諾沙落得一敗塗地，但其實他既無悔意，對教宗也無絲毫敬意。「卡諾沙之辱」之後他立刻返回德意志，只待絕罰一解除就要動手收拾那些背叛的德意志諸侯。1080 年他再次宣布廢黜格列高利七世，擁立敵對的教宗克雷芒三世。格列高利七世也再次宣布對亨利施以絕罰，卻遭已經鞏固權力的亨利於 1084 年率軍占領羅馬，隔年格列高利七世留下「我曾追尋公義而摒棄邪惡和不公，因此我殉於流亡」一語，便客死於亡命之地薩萊諾。

至於聖職敘任權之爭在格列高利七世死後仍未停歇，直到他過世 37 年後 1122 年沃爾姆斯宗教協定才得到解決。在繼承「格列高利改革」遺志的後來數任教宗的努力之下，格列高利提倡的聖職者敘任權屬於教宗的主張終於獲得承認。至於神聖羅馬帝國則是因為企圖利用教會施行統治的帝國教會政策受阻，沒能發展形成絕對君主制，以致神聖羅馬帝國在十九世紀解體以前一直都只能是個由許多分立地方國家組成的領土型國家^(註)。

【1032年當時的帝國版圖】

☆亨利四世起初只是德意志國王，後來成為位於歐洲中央不停擴張版圖的神聖羅馬帝國皇帝。無論名為國王抑或皇帝，其立場定位就是要統領各地諸侯，而當時天主教會在各諸侯領地的影響力極大，諸侯若無教會支持配合根本無法施行統治。

☆《亨利在卡諾沙》德國畫家愛德華・施沃澤（Eduard Schwoiser）所繪。
亨利四世穿著樸素，裸足立於教會前方。

【格列高利七世年表】

[約 1020] 希爾德布蘭德（即後來的格列高利七世）誕生
[1050] 希爾德布蘭德就任樞機主教。展開「格列高利改革」
　　　　亨利四世誕生
[1073] 希爾德布蘭德就任教宗，是為格列高利七世
[1074] 禁止買賣聖職、禁止聖職者娶妻
[1075] 頒布《教宗訓令》，否定世俗權力的聖職敘任權
[1076] 亨利四世宣布廢黜格列高利七世
　　　　格列高利七世決定將亨利四世處以絕罰
[1077] 卡諾沙之辱（卡諾沙事件）
[1080] 亨利四世再次廢黜格列高利七世
　　　　格列高利七世再次將亨利四世處以絕罰
[1084] 敵對教宗克雷芒三世替亨利四世加冕即位為神聖羅馬皇帝，接著亨利四世便揮師
　　　　羅馬，格列高利七世輾轉流亡至卡西諾山與薩萊諾
[1085] 格列高利七世逝世（於薩萊諾）
[1105] 亨利四世之子亨利五世與教宗聯手，廢黜亨利四世
[1106] 亨利四世崩

註：領土型國家（Territorial state）：中世紀歐洲先是有以君主為中心的半自治統治圈謂之領邦，再慢慢自立形成初期國家雛型的領土型國家。神聖羅馬帝國便是由多個領土型國家構成。

理查一世

Richard I

1157-1199

活在戰場上的「獅心王」

頭銜：英格蘭國王（1189～1199年在位）　父：亨利二世　母：亞奎丹的艾莉諾
子：干邑的菲利普　繼任者：約翰（無地王）

為收復遭伊斯蘭英雄薩拉丁（Salah al-Din, Saladin）奪走的聖地耶路撒冷，綽號「獅心王」的理查一世和法蘭西國王腓力二世均參與了第三次十字軍東征。儘管成功攻陷了阿卡，後來雙方卻失和導致腓力決定率眾歸國，留下理查一世與薩拉丁繼續纏鬥長達一年之久。

他孤軍奮戰的英姿就連薩拉丁都甚感欽佩，讚作「基督教徒第一騎士」，甚至生病時薩拉丁還曾派遣醫師來為理查看診。理查深感薩拉丁之胸懷，遂在和談當中提議要把自己的妹妹嫁給對方的弟弟。這樁婚事最終固然沒能談成，雙方和談卻承認允許基督教徒也可以前往耶路撒冷巡禮。要班師回國的時候，沒能收復聖地的理查只道：「我沒有資格看耶路撒冷。」並未繞道聖地便直接率軍西歸了。

☆ 嚴苛暴虐的一面

　　活躍於第三次十字軍東征的理查一世（獅心王）堪稱是中世紀騎士道精神的模範人物。然則相對於薩拉丁對待基督教徒俘虜的寬容，理查曾經一口氣處決了多達三千名的伊斯蘭教徒、連孩子也沒有放過，性格嚴苛而暴虐。據說後來伊斯蘭教社會還往往會用「你不聽話那麼理查就要來了哦」的說辭來嚇唬小孩。

　　也由於他的嚴苛，理查終其一生總是不停地在鬥爭和戰鬥。尚未即位以前，他就曾經因為父親亨利二世命令自己交出領地亞奎丹而父子對立。

右側邊欄：CHAPTER Ⅰ－Ⅰ　為中世紀歐洲增色的眾家英雄

【第三次十字軍東征】

☆第三次十字軍東征主力部隊經由海路開往耶路撒冷，最後也成功抑制了大部隊的損耗，讓大批軍勢得以在短時間內從耶路撒冷附近登陸。

☆ 轉戰再轉戰

　　理查甫一即位便立刻發兵加入第三次十字軍東征，可是他卻因為單方面撕毀跟腓力二世姐姐的婚約而與法蘭西國王交惡。攻打阿卡的時候，理查的側近竟說同陣營的奧地利公爵利奧波德五世的軍旗不得同列、一把扯下公爵軍旗種下禍根，所以十字軍返程歸國時理查一世才會遭到利奧波德五世擒捕囚禁。

　　支付贖金獲得釋放以後，理查又返回英格蘭打趴正欲篡奪王位的胞弟約翰（無地王），接著又發兵法蘭西攻打支持約翰的腓力二世，最終被十字弓射傷、傷勢沉重而死。自從他即位以來，算算理查停留在英格蘭國內的時間其實僅有短短六個月而已。

☆盧昂主教座堂（法國）
「獅心王」的心臟便是收藏於此。頭腦和臟器則是被埋在法國的另一地普瓦圖。

熙德

El Cid

1045?-1099

矢志收復伊比利半島的西班牙英雄

◆◆◆

頭銜：卡斯提爾王國貴族　　父：迭戈·賴內斯　　母：說法不一（瑪莉亞、桑切斯、黛麗莎）
子：迭戈·羅德里奎茲、克里斯蒂娜·羅德里奎茲等　　繼任者：希梅娜（妻）

　　卡斯提爾王國是統治圈位於今日西班牙北部的國家，而熙德原是卡斯提爾國王桑喬二世的僕從，後來他成長為一名勇敢的年輕人，屢經陣仗立下諸多戰功。然則自從桑喬二世遭到暗殺，其胞弟雷昂國王阿方索六世接收卡斯提爾王國以後，熙德便因奸臣讒言被迫將妻子留在國內，自己則是遭到流放處分。儘管如此熙德對國王仍舊是忠誠如初，仍然不斷攻打摩爾人（伊比利半島的伊斯蘭教徒）並將繳獲的戰利品獻給國王。待熙德攢積足夠實力終於征服瓦倫西亞那時，他才終於跟阿方索六世達成和解，迎回自己的妻子。其後熙德仍繼續對抗伊斯蘭教徒、為奪回伊比利半島而奮戰，並最終成為西班牙的英雄。

☆ 對卡里翁兄弟的復仇

與阿方索六世重修舊好以後，熙德在對方的建議之下把自己的兩個女兒嫁給了大貴族卡里翁伯爵的兩個兒子，可這兩個兒子卻認為熙德兩個女兒只是因為父親一夕得勢而麻雀變鳳凰，對這椿婚事很是不滿。更有甚者，卡里翁兄弟又在對抗摩爾人的戰役中因為膽怯怕事而成為笑柄，決定拿熙德的女兒來出一口怨氣。於是兩兄弟便把妻子叫到森林裡，褪去兩姐妹所有衣服全裸綁在樹上，兩兄弟便拂袖而去。

誓要為女兒報仇的熙德請求阿方索六世裁決，阿方索六世然沒收了先前賜予卡里翁兄弟的兩柄名劍提澤納（Tizona）和科拉達（Colada），讓兩兄弟跟熙德的姪子決鬥。卡里翁兄弟既失了名劍再加上本來就缺乏勇氣，被打得一敗塗地狼狽不堪，向熙德認了錯。至於熙德的女兒卻是分別與納瓦拉王國、亞拉岡王國的王子再婚，得到幸福的生活。

【十二世紀伊比利半島勢力圖】

大西洋

法蘭西王國

納瓦拉王國

布哥斯

葡萄牙王國

卡斯提爾王國

亞拉岡王國

伊比利半島

瓦倫西亞

穆拉比特王朝

☆ 史實中的熙德

熙德本名羅德里戈・迪亞斯・德・比瓦爾，是十一世紀後期真實存在於卡斯提爾的一名低階貴族。而敘事詩《熙德之歌》的故事，除卻卡里翁兄弟心理不平衡和熙德報復的情節以外，也都大抵符合史實。

熙德以其征服瓦倫西亞之功績受到後世驅逐伊斯蘭勢力、奪回伊比利半島的收復失地運動奉為象徵性英雄，據說其名來自阿拉伯語原意為勝利者、主人的稱號「Al-Sayyid」。換句話說，這個稱號其實是來自於伊斯蘭教勢力陣營。事實上，熙德在遭到阿方索六世放逐以後除了基督教國家以外，也曾經去給一些伊斯蘭教小國打工，同時一方面培植擴張自身實力。自從 1301 年後倭馬亞王朝破滅以來，當時的伊比利半島就有許多伊斯蘭小國林立，甚至基督教徒伊斯蘭教徒和平共存的國家也不在少數。只是時至熙德征服瓦倫西亞的 1090 年代當時，北非的穆拉比特王朝勢力進入，以「劍」或「可蘭經」兩個選項逼迫併吞半島上的伊斯蘭國家，跟基督教國家的矛盾也愈發深刻激烈，因此熙德倒也稱得上是確實曾經對抗過伊

斯蘭教勢力侵略的人物。1099 年熙德死後，瓦倫西亞由其妻希梅娜繼承統治，可是很快 1102 年便遭穆比拉特王朝侵略而喪失領地。至於瓦倫西亞再次回歸基督教勢力懷抱，已經是 1238 年亞拉岡王國包圍瓦倫西亞的的事情了。

★卡斯提亞 - 雷昂自治區布哥斯省省會布哥斯的熙德銅像。

Marco Polo 馬可波羅 1254-1324

忽必烈信賴的義大利商人

頭銜：商人‧冒險家　　父：尼可羅　　母：不詳
子：凡蒂納、貝萊拉、莫萊塔

　　幼年亡母、由叔父孀母撫養長大的馬可波羅，初次見到父親時他已經十五歲了。父親尼可羅和叔父是威尼斯的貿易商，兩人早在馬可波羅出生前便已經出發前往東方貿易旅行，其間曾經謁見中國元朝忽必烈汗，結束長達十五年的旅行以後才在 1269 年返國。

　　為完成忽必烈邀請傳教士的委託，尼可羅很快又再次踏上這趟一萬五千公里的大旅行，這次馬可波羅也有同行。三人從 1271 年離開威尼斯，跋涉約莫三年半終於來到元朝、受到盛大歡迎，還出任元朝高官，在中國停留長達十七年之久。待三人再次回到威尼斯，已是二十四年以後 1295 年的事情了。

　　馬可波羅旅程當中所聞所見，由作家魯斯蒂謙記錄匯整寫成了《東方見聞錄》；書中最最令人嚮往的，當屬中國另一頭東方海面的島國「黃金之國」。

★傳說中的黃金之國

馬可波羅是個真實人物，而他曾經去到中國也是不爭的史實。他在元朝的十七年間，曾經作為徵稅官員被派遣到雲南、江蘇等地，也曾作為外交使節出使斯里蘭卡和印尼。忽必烈對馬可波羅一家頗為器重，遲遲不肯放他們返鄉回國，直到 1291 年護送王室公主下嫁阿魯渾汗始得返國。

至於經由馬可波羅口述始為後世所知的所謂黃金之國，其實馬可波羅從來不曾去過日本，他很有可能是從當時跟日本有貿易往來的中國商人口中聽說了中尊寺金色堂貼滿金箔的傳聞。此外書中也有些荒唐無稽的記載，諸如黃金之國有把無法交付贖金的俘虜殺來吃的食人風俗。與此同時，當時伊斯蘭商人之間也傳聞曰中國東方有個黃金之島瓦克瓦克的所謂「瓦克瓦克傳說」，也有傳言指出這個瓦克瓦克其實就是所謂的「倭國」。

【十三世紀蒙古帝國版圖】

★當時已征服大半歐亞大陸的蒙古帝國又分成好幾個兀魯斯（國家），第五代皇帝忽必烈所統治的元（大元）則是這些國家的宗主國。能夠跟如此巨大帝國的元首往來交易，絕對值得商人捨命一搏。

【馬可波羅一行人的足跡】

★馬可波羅去程走絲路，以陸路為主。返程則是乘船航向故鄉威尼斯。

★其他中世紀旅行者

拜成吉思汗建立橫亙大半個亞洲和大部分歐洲的蒙古帝國所賜，十三世紀是歐亞大陸東西交流非常旺盛的時期。在馬可波羅和父親尼可羅前往元朝之前，其實已經有西洋人先行來到了東方。

教宗英諾森四世特別警戒蒙古入侵，於是早早派遣方濟各會修道士柏郎嘉賓和紀曉姆‧德‧盧布魯克來傳教，試圖使蒙古人改信天主教。柏郎嘉賓於 1245 ～ 1247 年間，盧布魯克則是於 1253 ～ 1255 年間去到蒙古帝國的首都哈拉和林謁見大汗。另外孟高維諾則是緊接著馬可波羅離開之後來到中國，並於 1299 年在大都建立第一個天主教教會從事傳教活動。

聖殿騎士團

為奪回聖地以性命相搏的武裝修道士

聖殿騎士團的正式名稱為「基督和所羅門聖殿的貧苦騎士團」，是第一次十字軍東征以後1118年由法國香檳區的騎士雨果‧德‧帕英等九名騎士所創設。耶路撒冷王國國王鮑德溫二世將從前所羅門王耶路撒冷神殿（聖殿）所在地「神殿之丘」賜予騎士團作為根據地，從此稱作「聖殿騎士團」。

其後1128年聖殿騎士團獲得教宗承認為騎士修道會，使得兼具保護巡禮者的騎士與修道士兩種身分的聖殿騎士被視為騎士道精神的終極體現，他們也因此獲得各界諸多寄付捐贈。

各界捐贈當中不乏許多領地，聖殿騎士團為經營這些莊園開始在歐洲各地設置據點，進而利用其據點網絡開始經營金融業務、建立了莫大的財富。及至十二世紀中期，聖殿騎士團已經有能力管理十字軍遠征資金、有能力管理法國國庫，成長為一個擁有軍事力量的巨大金融資本。

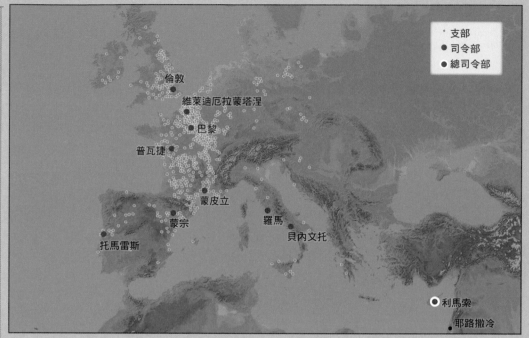

【1300 年當時聖殿騎士團的據點】

支部
司令部
總司令部

倫敦
維萊迪厄拉蒙塔涅
巴黎
普瓦捷
蒙皮立
羅馬
蒙宗
貝內文托
托馬雷斯
利馬索
耶路撒冷

CHAPTER 1 | 為中世紀歐洲增色的眾家英雄

☆聖殿騎士團的後來

　　1307 年 10 月 13 日星期五，法蘭西國王的官兵一齊湧入了位於巴黎市中心的聖殿塔。倉促間大團長雅克‧德‧莫萊措手不及首先被捕，不久聖殿騎士團的眾騎士未及抵抗也陸續成擒。幾乎在同一時間內，分布於法國國內的其他聖殿騎士團據點，甚至是多佛海峽彼岸的倫敦據點均發動了官兵圍捕聖殿騎士的行動。罪狀是異端，指證騎士團會在入團儀式當中立誓反對基督、崇拜惡魔。騎士紛紛遭到刑求逼供、自白罪行，大團長等幹部判處火刑（p.156）、其餘騎士被判終身徒刑，聖殿騎士團毀於一旦。從此以後，13 日星期五就被基督教視為是不祥之日。

　　法蘭西國王腓力四世就是這起冤案的首謀。原來腓力四世為了中央集權進而強化王權，一直覬覦據說財富遠超法國國庫的聖殿騎士團，於是他就讓自己扶植的教宗克雷芒五世對全歐洲發出異端審判命令。聖殿騎士

☆聖殿騎士團勢力是以現今的法國為中心向外延伸。只要在聖殿騎士團各地的據點間移動，旅行者就毋需隨身攜帶大批現金，因為當時的聖殿騎士團已有匯票發行，而聖殿騎士團正是靠著匯票的利息和手續費建立了莫大的財富。

團的巨富就此到手，可腓力四世找尋的另一樣東西卻在破獲騎士團各據點以後仍然遍尋不著。相傳那是聖殿騎士團從前以耶路撒冷神殿為根據地的時代發現的某個「重要的東西」，究竟是什麼東西已經無從確知，有人說是聖杯，也有人說是耶穌被釘上的那個十字架，也有傳聞說是收藏十戒石板的約櫃。

　　另一方面，倒也並非全歐洲都對教宗的異端審問命令奉行不逾。原本就反對法蘭西傀儡教宗的蘇格蘭和伊比利半島諸國就沒有服從命令，聖殿騎士團在葡萄牙王國還改名為基督騎士團並獲得政府當局認可。甚至後來葡萄牙的航海王子恩里克，還曾經擔任基督騎士團大團長，而這便是為何大航海時代葡萄牙船隻的船帆會是與聖殿騎士團團旗相彷彿的白底紅十字圖案。

中世紀王侯貴族的綽號
因為有其必要性所以存在

◆◆◆

　　中世紀歐洲的王侯貴族很多都有類似「獅心王（p.30）」或「紅鬍子」之類的綽號，這是因為當時親戚同族有許多人都是同名，須要使用綽號來分辨個人。

　　日耳曼人的名字有許多都是「齊格（勝利）＋菲（和平）」這種由前半部（幹音節）與後半部（終音節）所構成的，新生兒誕生時也往往會拿親戚的名字拼湊音節來命名，因此中世紀初期在親族之間有許多名字都非常相似。進入八～九世紀以後王侯貴族「出身高貴」的歸屬意識高漲，不少人會把孩子取作跟父親甚至跟祖父完全一樣的名字，結果使得親戚同名的情形快速增加，譬如 875 年就曾經發生過西法蘭克王國的叔叔查理率軍隊跟東法蘭克王國姪子查理作戰如此饒舌混淆的事情。出於辨別特定人物的必要性，後來才會以禿頭查理稱呼叔叔、胖子查理稱呼姪子，以其人特徵加上綽號來稱呼辨別。

【最具代表性的一些綽號】

名字	生歿年	頭銜	綽號（英文）
阿方索一世	1106 ？～ 1185	葡萄牙國王	征服者（Afonso the Conqueror）
威廉一世	1027 ～ 1087	英格蘭國王	征服者（William the Conqueror）
埃里克一世	885 ？～ 954	挪威國王	血斧王（Eric Bloodaxe）
愛德華	1330 ～ 1376	英格蘭太子	黑太子（Edward the Black prince）
愛德華	1004 ？～ 1066	英格蘭國王	宣信者（Edward the Confessor）
愛德華	962 ～ 978	英格蘭國王	殉教者（Edward the Martyr）
恩里克	1394 ～ 1460	葡萄牙王子	航海王子（Prince Henry the Navigator）
恩里克四世	1425 ～ 1474	卡斯提爾國王	無能者（Henry the Impotent）
奧拉夫一世	1050 ～ 1095	丹麥國王	飢餓者（Oluf Hunger）
查理・馬特	688 ？～ 741	法蘭克王國宮相	馬特（Martel）乃鐵鎚之意
查理一世	742 ？～ 815	法蘭克國王	大帝（Charles the Great）
查理三世	839 ～ 888	法蘭克國王	胖子（Charles the Fat）
古列爾莫一世	1120 ～ 1166	西西里國王	惡人（Guglielmo the Bad）
古列爾莫二世	1153 ？～ 1189	西西里國王	好人（Guglielmo the Good）
查理二世	823 ～ 877	西法蘭克國王	禿頭（Charles the Bald）
查理四世	1294 ～ 1328	法蘭西國王	美男子（Charles the Fair）
查理五世	1338 ～ 1380	法蘭西國王	賢明王（Charles the Wise）
查理六世	1368 ～ 1422	法蘭西國王	瘋王（Charles the Mad）
查理七世	1403 ～ 1461	法蘭西國王	勝利者（Charles the Victorious）
約翰	1166 ～ 1216	英格蘭國王	無地王（John Lackland）
哈拉爾一世	？～ 986	丹麥國王	藍牙（Harald Bluetooth）
哈拉爾一世	850 ？～ 930 ？	挪威國王	金髮（Harald Fairhair）
哈洛德一世	1015 ？～ 1040	英格蘭國王	飛毛腿（Harold Harefoot）
丕平三世（小丕平）	714 ～ 768	法蘭克國王	矮子（Pepin the Short）
腓力二世	1165 ～ 1223	法蘭西國王	尊嚴王（Philip Augustus）
腓力三世	1245 ～ 1285	法蘭西國王	勇敢者（Philip the Bold）

為中世紀歐洲增色的
神話與傳說

奧丁

Odin

北歐神話的主神

◆◆◆

父：包爾　　母：貝絲特拉　　子：索爾等

　　奧丁受瑞典皇室奉為始祖，其傳說直至今日依舊受人傳唱，相傳奧丁是男神包爾（或名布爾）與巨人族貝絲特拉所生。奧丁在日耳曼種族間普遍受到信仰，除北歐神話《愛達經》以外，匯集許多英雄故事的作品都有記載到此類奧丁相關傳說。《愛達經》確切成立過程如今已無從確知，不過一般相信應是九世紀～十三世紀匯集成書的。

　　奧丁有許多妻子、生有索爾等眾子女，與此同時奧丁還是利用巨人伊米爾屍體創造出世界的創世神。

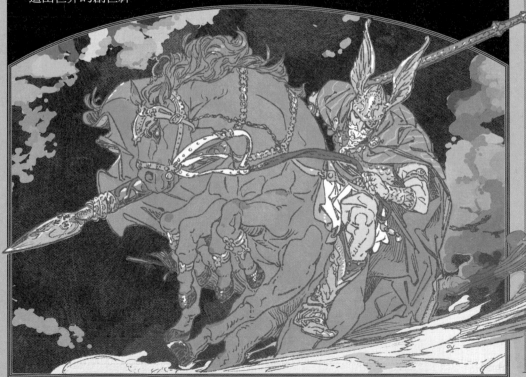

★瑞典農場出土石碑所繪奧丁與愛馬斯萊布尼爾。八～十世紀。相傳斯萊布尼爾有八支腳、能夠騰空飛翔，還能去到死者之國，甚至英靈殿瓦爾哈拉。

★奧丁頭部木像（十二～十三世紀，收藏於奧斯陸大學文化博物館）。奧丁的雕像和繪畫經常以獨眼狀態詮釋，這是因為傳說奧丁曾經將一隻眼睛獻給守護智慧泉水的巨人，換取能夠獲得智慧與知識的泉水。

★1901年繪製的奧丁像。奧丁愛用一柄長槍作武器，名曰永恆之槍。永恆之槍能夠粉碎一切物事，還能在投擲出去粉碎敵人之後自動返回奧丁手中，性能可謂是超凡出群。圖中還畫到了胡金和穆寧兩隻烏鴉，以及基利和庫力奇兩頭狼。烏鴉負責蒐集情報，狼則是奧丁的寵物，頂多只有處理殘飯剩肉的功用而已。

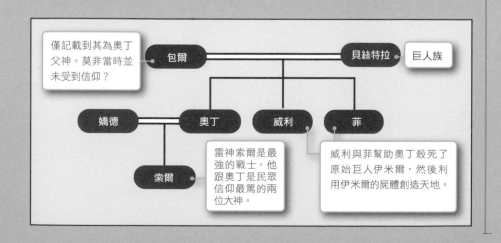

僅記載到其為奧丁父神。莫非當時並未受到信仰？

包爾 —— 貝絲特拉 　巨人族

嬌德 —— 奧丁　威利　菲

雷神索爾是最強的戰士，他跟奧丁是民眾信仰最篤的兩位大神。

索爾

威利與菲幫助奧丁殺死了原始巨人伊米爾，然後利用伊米爾的屍體創造天地。

洛基

Loki

北歐神話的搗蛋鬼

父：法鳥爾巴鳥提　　母：洛菲
子：斯萊布尼爾等

　　洛基並非神族而是巨人族，而奧丁的母親也是巨人族，所以洛基經常被視為主神奧丁的表兄弟。傳說洛基生得俊美而性格反覆無常，卻頗得奧丁喜愛。奧丁的愛駒斯萊布尼爾便是洛基和馬匹史瓦帝法利所生。洛基能夠變身成動物，也能孕育動物的胎兒，他便是如此將神獸斯萊布尼爾獻給了奧丁。洛基跟奧丁一族之間有著千絲萬縷的關係，他曾經與奧丁之子索爾結伴同行、旅途中多有挹注，另一方面卻也曾經殺死了奧丁的另一個兒子巴多。

　　洛基和巨人安格爾伯達生下了芬里爾（狼）、米德加爾德（蛇）和死亡女神海爾等子女，後來更率領彼等觸發滅亡眾神的末日戰爭「諸神黃昏」，並且在巨人族相助之下取得了最終勝利。

★丹麥海岸發現的一顆繪有線形繪畫的大石（約 1000 年），推測應該是從對岸的挪威或瑞典漂流而來。其中畫的是一名蓄有鬍鬚的人物，據信該人物便是洛基。

★手持漁網的洛基（十八世紀：冰島）。相傳洛基智慧過人，但據說他唯一留下來有益於人類的發明就只有漁網而已。

★洛基殺害巴多後遭到擒捕囚禁。英格蘭北部柯克比・史蒂芬發現的石板（九世紀）描繪的正是這個場景。

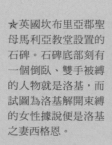

★英國坎布里亞郡聖母馬利亞教堂設置的石碑。石碑底部刻有一個倒臥、雙手被縛的人物就是洛基，而試圖為洛基解開束縛的女性據說便是洛基之妻西格恩。

諸神黃昏

Ragnarök

誅滅諸神的終末戰爭

◆◆◆

　　根據北歐神話記載，世界其實已經經歷過一次滅亡，而世界滅亡的原因便是一場名為諸神黃昏的戰爭。諸神黃昏有許多前兆，首先是氣候異常、世界進入漫長的酷寒時期，加以地震頻仍，大地變得荒廢不毛、生物紛紛滅絕。就在這個時候，洛基生下的怪物芬里爾、米德加爾德向眾神發動攻勢進入戰鬥，死神海爾也用火焰燃燒眾神。奧丁遭芬里爾吞噬戰死，索爾則是跟一個名叫約爾孟甘德（p.216）的怪物同歸於盡，雙方犧牲人數不斷增加，最終是巨人蘇爾特的火焰為這場戰爭畫下了休止符。蘇爾特的火焰吞噬了世界，眾神與巨人全都失去了蹤影，僅有兩個人類得以躲過這場大火存活下來，兩人從此繁衍血脈、漸次發展，才創造了今日的世界。

★英國曼島的石碑（十～十一世紀）。右側石碑人物肩頭附近刻有一隻鳥禽，因此研判應是奧丁。左側石碑則刻有一個偌大十字架、蛇和一個人物，想必是在詮釋基督斥退惡魔誘惑的場景。學界認為這對石碑便是當時曾經試圖使北歐神話與基督教融合的證據。

★歷史學家史諾里・史特盧森（1179？～1241）編纂的《愛達經》，是史諾里蒐羅北歐神話集成的重要書籍史料。《愛達經》共有七冊抄本得以傳承至今，保留傳達了北歐神話的精神樣貌。

★十二世紀製作的掛毯（瑞典）。由左往右依序是奧丁、索爾和福瑞（豐饒神）。

★經過諸神黃昏存活下來的人類男性利弗和女性利弗詩拉希爾（1895：洛倫茲・弗洛里奇著）。相傳兩人藏在森林裡面，才躲過了蘇爾特的火焰。

Valkyrie

瓦爾妲客麗

甄選勇敢戰士的女神

頭銜：服事於主神奧丁的女神

日本又另稱瓦爾妲客麗婭、瓦爾妲基麗婭。「Walküre」是古德語，「Walkyrja」是古諾斯語（註），「Valkyrie」則是英語式的讀法。瓦爾妲客麗是侍奉北歐主神奧丁的一眾女性，她們會在戰場上觀察戰士們戰鬥、決定戰士的生死，然後將真正為了奧丁奮勇作戰的戰士迎接到天上的英靈殿瓦爾哈拉。

瓦爾哈拉是奧丁的宮殿，其名意為「戰死者的殿堂」。通過瓦爾妲客麗甄選的勇敢戰士會留在瓦爾哈拉，為末日之戰諸神黃昏備戰。

聚集在瓦爾哈拉的戰士靈魂喚作英靈戰士（Einherjar，又作 Einheriar）。傳說他們在瓦爾哈拉和其他瓦爾妲客麗送到這裡來的戰士不停地戰鬥，磨練精進戰鬥技巧甚至膽量，至於戰鬥之餘短暫的休息時間，彼等的靈魂則是會受到瓦爾妲客麗的照顧款待。

註：古諾斯語（Old Norse）：由於地理位置與歷史因素，亦稱作古北歐語、古斯堪地納維亞語、古冰島語、古挪威語，是日耳曼語族的一個分支，發展自八世紀更古老的原始諾斯語，在維京時代至西元 1300 年左右，通行於斯堪地納維亞居民以及海外殖民地。

★這塊石碑先前 p.41 有介紹過，描繪的是奧丁騎著愛馬斯萊布尼爾駕臨瓦爾哈拉的場面，其中捧著角杯迎接奧丁的就是瓦爾姐客麗。

★丹麥出土，據說是瓦爾姐客麗形象的飾品（約九世紀）。瓦爾姐客麗是勇敢戰士的象徵，許多裝飾品經常會採用她的形象。

★赫爾曼・威廉・比森（丹麥）創作的瓦爾姐客麗雕像，左手持角杯正在倒蜂蜜酒。在葡萄栽培困難的北歐地區，用蜂蜜釀造的蜂蜜酒至今仍是相當普遍的酒種。

★華格納（德國）所著《女武神》劇本（1899）。瓦爾姐客麗之所以能出現在現代的作品中，尤其在日本更是在電玩動漫作品中頻繁登場，可以說是全拜華格納這齣音樂劇所賜。華格納根據北歐神話創作了音樂劇《尼伯龍根的指環》，劇中共有九名瓦爾姐客麗登場。

★彼得・尼古拉・阿爾博（挪威）筆下的瓦爾姐客麗。瓦爾姐客麗經常做手持盾牌和長槍的騎姿。

美露莘

Melusine

因丈夫觸犯禁忌而變成龍的妖精

頭銜：妖精　　父：阿爾巴國王　　母：水之妖精溫蒂妮
子：尤里安、厄德、雷諾等

這是則源自法國的異種婚姻譚，而法國中部普瓦捷區的呂西尼昂向來便以美露莘傳說的發祥地為世所知。相傳中世紀的城堡呂西尼昂城是由呂西尼昂伯爵雷蒙德之妻美露莘所建，而呂西尼昂伯爵便是當時統治這一帶的領主。

妖精美露莘身負詛咒、每逢週六下半身就會變成蛇身，後來她結識雷蒙德與其墜入愛河，要求雷蒙德每週週六一整天都不可以偷看自己的模樣，得其承諾以後兩人才結為夫妻。兩人生了十名子女、過著幸福的家庭生活，可是雷蒙德卻在某個週六美露莘沐浴時忍不住偷看，而雷蒙德看到的美露莘竟然已經變成了一個人頭蛇身的怪物。美露莘背負的詛咒是一旦怪物模樣被看見就會永遠變成龍、無法恢復原狀。

蛇身被丈夫看見的美露莘果然變成了龍，並就此飛離城堡再也沒有回來。

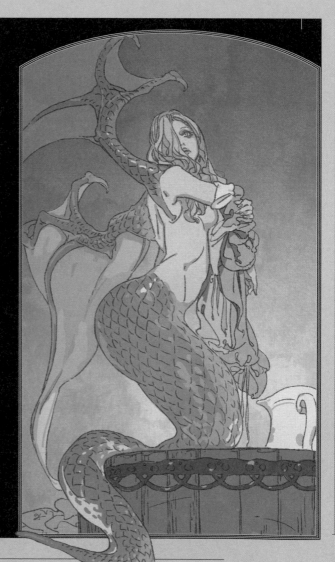

☆書商庫德瑞特（十五世紀後半）編纂的歷史故事當中講述美露莘故事的插畫。畫到雷蒙德正要去偷看美露莘沐浴的場景。

☆十四世紀後期作家讓・達哈斯（法國）著作中的美露莘插畫，畫到已經變身成龍的美露莘。

☆法國巴黎聖敘爾比斯教堂的彩繪玻璃。美露莘在日本知名度不高，在法國等歐洲各地卻是相當有名的妖精。甚至另有傳說指美露莘會在法國要陷入危機的三天前發出叫聲、提出警告。

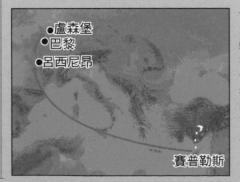

☆賽普勒斯、希臘和埃及均有蛇尾女傳說，應是美露莘傳說的源流。蛇尾女傳說穿越了地中海傳到歐洲，終於在法國中部形成了美露莘傳說，然後再擴散傳播到歐洲全境。日本也有「石長比賣」等傳說同樣屬於異種結婚譚，至於觸犯不可偷窺禁忌的故事則也有「鶴的報恩」等傳說。

●盧森堡
●巴黎
●呂西尼昂

賽普勒斯

☆烏克蘭西部都市利維夫的美露莘雕像。

Pied Piper of
Hamelin

花衣魔笛手

拐帶村裡孩童的神祕花衣男子

從前某天有個男子來到德國一個叫作哈梅的村子，說是可以收費為村子驅除鼠患。說到鼠患也許很多人會立刻聯想到鼠疫，但其實歐洲人是直到十九世紀以後才開始懷疑老鼠跟鼠疫之間的關聯性，所以當時應該只是單純想要驅除破壞存糧的討厭有害動物而已。村人接受了花衣男子的提議，委託他展開驅鼠行動。

於是乎花衣男子便吹起笛子開始在村裡繞行，只見老鼠紛紛從各戶人家裡面溜了出來，然後跟著男子的步伐攢動前進。男子將老鼠引進威悉河，將老鼠悉數溺斃。男子回頭索取報酬，豈料村民卻懷疑那些老鼠本來就是男子豢養的、一切都是男子自導自演的騙術。男子憤而趁村裡的成年人上教會參加集會的時候再次吹響笛子，把村裡的孩童全部都給帶走了。此傳說眾多版本的其中之一指出，其實那些孩子後來也被男子給帶到河裡溺死了。

★「花衣魔笛手」最古老的圖畫資料，是根據哈梅恩市集教會的彩繪玻璃所繪製。哈梅恩的市集教會建於 1300 年前後，自從 1660 年遭到破壞以後便已不復存在，因此這張圖畫就是複製教會彩繪玻璃的最古老資料。圖畫裡，離開村落的孩童隊列正在走向某個洞窟。花衣魔笛手傳說的其中一個版本描述男子把孩子們引導到洞穴裡面、從內側用巨石封住洞口，從此魔笛手和孩子們就再也沒有出來。這份資料畫的應該正是這個版本的傳說。

★十四世紀初期描繪勘界人工作的說明圖。所謂「勘界人」就是負責向德意志以東的波蘭等地執行遷居殖民活動的代行者。勘界人往往穿著花俏顯眼的衣服，募集年輕人向東方移民。一說花衣魔笛手的傳說便是源自於勘界人這個角色：十二世紀～十四世紀期間，德意志民族不斷向東方殖民擴張。當時斯拉夫民族居住地帶並無強大治權，同時德意志以西地區人口大增，因領土紛爭失去土地的騎士和農民同樣都需要新的土地，於是才有領主雇用勘界人，由勘界人輔助引導人們向東方遷徙殖民。或曰花衣魔笛手的傳說便是來自於這段歷史背景。

✵德意志人（日耳曼人）的東方殖民

德意志人離開德意志以後主要去到位於波羅的海沿岸的東普魯士、現在的愛沙尼亞、斯洛維尼亞和捷克的蘇台德。最遠去到烏克蘭，這裡也有德意志人在此落地生根。考慮到德意志人跟原本就住在這裡的斯拉夫民族關係還不差，德意志人應該是在這裡開墾荒地而並非掠奪。後來德意志持續向東擴張領土，十五世紀部分殖民者因為德意志侵略波蘭的軍事行動而被迫西還，但仍有部分殖民者依舊留在原地，造成有少數德意志民族被留在了波蘭和捷克的部分地區，而這也成了日後二十世紀納粹德國遂行侵略野心的藉口。

波羅的海
東普魯士
波蘭
哈梅恩
德意志
蘇台德

| Saint George | 聖喬治 | ?-303? |

屠龍傳教的聖人

◆◆◆

頭銜：軍人

聖喬治出身於位於現在土耳其東部的卡帕多奇亞，是名經常受到基督教世界尊為聖人的古羅馬軍人，尤其英國更是特別將其尊為「英格蘭守護聖人」。從前羅馬皇帝戴克里先強迫羅馬人信仰羅馬眾神、迫害基督教徒的時候，喬治同樣也被命令要崇拜羅馬眾神，喬治卻拒絕服從命令，無論受到何種刑求拷打他都不曾捨棄基督教信仰，終於被拷打致死殉教。後來這則傳說到十一世紀又另外衍生出屠龍除害、促使人們改信基督教的情節。聖喬治在基督教社會是個名人，現如今許多熟悉的名字諸如「聖喬治」、「喬治」、「喬治亞」都是來自於這位人物。

☆ 白底紅十字的標誌

1382年繪製的聖喬治與公主的插畫，這是聖喬治屠龍故事中的關鍵場景。相傳從前利比亞的昔蘭尼這個地方有一頭毒龍，國民必須定期奉獻活人給惡龍方能活命，而獻給毒龍的人選則是抽籤決定。某次這個籤被公主抽到，公主正要自己去找惡龍卻巧遇喬治路過。喬治劃了個十字便衝向惡龍，長槍一送就是一個窟窿、把惡龍刺成了重傷。喬治用公主的腰帶綁住惡龍，帶著公主回到昔蘭尼，對眾人表示只要改信基督教就會幫大家殺死惡龍，而眾人也果如其言，自此蘭尼國王以下總共一萬五千人當場全都改信了基督教。

☆十六世紀製作的聖像，描繪喬治受到嚴刑拷打的場景。一說喬治一連七天每天受到一種拷問，另有一說則說是七年間受到多達二十種的拷打。無論何者為真，總之是常人無法忍受甚至極可能被折磨至死的時間跨度。可是喬治受到神的守護，就算被打死也很快就重生復活，所以施刑者其實知道刑求拷打根本毫無意義。以希臘語流傳的傳說描述到，人們看見喬治幾經拷問依舊多次復甦的模樣，不少人均因此決意要改信基督教，最後甚至連羅馬皇帝戴克里先的皇后亞歷珊卓也都決定要信奉喬治的神。皇帝大怒，決定將喬治和皇后斬首。皇后亞歷珊卓赴死前向喬治問道：「我未受洗禮而死，豈非不算殉教？」喬治答道：「不用害怕，流血恰恰可以為妳洗禮。」於是喬治終於才跟皇帝的妻子一同殉教而死。

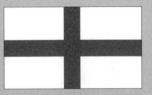

☆英國國旗「聯合傑克」是由聯合王國底下三個國家的守護聖人的標誌所組成的。英格蘭國旗使用的自然就是喬治的標誌，不作他想。

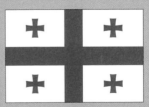

☆喬治亞共和國的國旗是由喬治的標誌為主軸，再加上四個白底紅十字的耶路撒冷十字所組成。

祭司王約翰

所在地不明之基督教理想國度的建國者

　　中世紀歐洲在東方有蒙古帝國崛起，從土耳其、伊比利半島甚至非洲一帶則有伊斯蘭勢力步步近逼，總有種透不過氣的閉塞感。身處如此高壓緊迫的環境之下，當時的基督教文化圈諸國普遍幻想在歐洲外面的世界還有個基督教的烏托邦，這正是所謂「祭司王約翰」治下的基督教國家。祭司王約翰的傳說最早出現在德國主教奧托十二世記錄的史書，書中講到在遙遠的東方有個強大的基督教國家，曾經派遣軍團要奪回耶路撒冷卻以失敗告終。後來這則傳說彷彿有了生命，引人紛紛要去遠方探尋這個傳說的國度。也許是那個封閉鬱悶的時代使然，這個基督教烏托邦的傳說愈發甚囂塵上，甚至還有傳說指出確實有人去到過那個地方。

　　可是事實上無論東亞或非洲想當然爾不可能會有想要奪回耶路撒冷的基督教國家，十七世紀以後人們對這個傳說的狂熱也就消散冷卻了。

★描繪 1258 年蒙古兵包圍巴格達一役的繪畫。

☆ 與蒙古帝國之同一性

十三世紀，以色列附近的基督教文化圈阿卡的主教向教宗報告了基督教國家國王跟伊斯蘭教勢力的戰爭。阿卡主教知道東方有個幾乎征服整個東亞、眼看著勢力就要伸輾到歐洲的成吉思汗，而他認為祭司王約翰就在成吉思汗的國家，也就是蒙古帝國裡面。另外親身到過蒙古帝國的馬可波羅也曾經提及一個亞洲的基督教國家。但後來隨著蒙古帝國的衰退，人們試圖印證蒙古帝國與祭司王約翰之國同一性的熱忱也同時消逝了。

☆ 推測位於非洲東部

既然亞洲遍尋不著祭司王約翰的國家，人們開始相信這個基督教的理想國肯定是在非洲，這個說法的理論基礎來自於衣索比亞。衣索比亞曾經在四世紀一度受到基督教化，甚至衣索比亞直至今日仍是全非洲基督教徒人數最多的國家。當時的歐洲人相信衣索比亞國王便是祭司王約翰，一時之間基督教當局和眾多主教紛紛組織派遣調查團前往東非，可是最後卻連祭司王約翰的腳印都沒有找到一個。

★十六世紀繪製的非洲地圖。圈作黃色的區域便是傳說中的祭司王約翰之國。

★另一幅十六世紀繪製的非洲地圖裡，甚至還在衣索比亞的位置畫上了祭司王約翰的形象。

Pope Joan

女教宗若安

女扮男裝攀登權力高峰成為教宗的女性

◆◆◆

頭銜：羅馬教宗（在位 855～858 年？）　　父：？　　母：？
子：？　　繼任者：本篤三世

傳說九世紀在利奧四世之後、本篤三世之前在位的女性教宗。有關此女的記述相當豐富多樣，大致梗概要點如下。

從前有個貧窮的女性穿著愛人的衣服在雅典奮發學習，結果修習到許多豐富的知識、並且在羅馬擔任教職。他（她）的名聲一夕之間在羅馬傳揚開來，最終甚至受推薦要繼任教宗之位。儘管成功隱藏身分即位當上了教宗，若安卻意外懷孕並且在眾目睽睽之下產下嬰兒，據說那名嬰兒是若安與愛人所生。很快地若安就被羅馬所謂的「正義」綁去遊街、受人投擲石塊，與嬰兒一同活活被打死。

根據現代的調查，女教宗若安根本就是個虛構不存在的人物。儘管聽了讓人覺得很不愉快，但這則傳說在中世紀歐洲其實卻是一段普遍受人相信的「歷史」，直到現在女教宗若安在西歐仍然是個頗受喜愛的創作題材。

namen zenodia/von der künigin behielte/bý dem pa=
laſt diui adriani/allda endet ſie ir leben·

IOHANNES·PAPA

Von johañe anglica der bǎbſtin das ǥcvj capl·
Ohañes wie wo l der nam ains mañes iſt/
ſo ward doch ain wýb alſo geneñet·Ain
junkfrǒlín ze men cz(als et lich ſagen)gili=
berta gehaiſſen/lernet in vǎtterlicher

★喬凡尼‧薄伽丘（1313～1375）筆下的若安生產圖（1362）。聖職者冷峻的眼神和民眾不悅的表情令人印象深刻。可以感受到作者試圖以批判的角度來呈現當時擁有絕對權力的教宗，試圖透過醜聞來貶低其權力。話說回來，女教宗若安著實是個令人作嘔的傳說，這大概也跟可以明顯感受到蔑視女性的態度頗有關聯。另外這裡還畫到若安生下的是一名男嬰。另有傳說描述男嬰順利長大成人當上主教，然後才將母親好生安葬。

★《新約聖經》啟示錄有記載「巴比倫大淫婦」的故事，說她是「一切可憎之物的母」。中世紀歐洲便經常把這個巴比倫大淫婦畫成若安的模樣。

★塔羅牌裡的女祭司可能就是若安，因為女性在天主教世界裡是絕無可能成為教宗的，那麼女祭司的原型人物就非傳說中的女教宗若安莫屬。牌中女性手中拿的是本書，因此這張牌有「知性」、「聰明」的意思，這些屬性對透過自學當上教宗的若安來說正可謂是名符其實。

★這張圖畫呈現的是自從若安事件以後，即位成為教宗以前必須先檢查其人有無睪丸的傳聞。這同樣也是對教會權力的另一種反抗。

Seven Archangels

七大天使

天界派遣來的神的使者

《舊約聖經》、《新約聖經》均曾記載到神的使者，負責連結神與人，屢屢降臨人間來傳達神的信息。猶太教和羅馬天主教信仰崇拜天使，新教徒卻認為天使只不過是神的代理人、並不怎麼重視，這便是為何唯獨羅馬天主教的教義才對天使的等級、各天使的個性特徵有比較詳盡的敘述。

天主教在諸多天使當中又特別重視其中的七名，關於這七名天使有各種版本不同說法，若以1140年建造的義大利帕拉提那禮拜堂的記載為準，那這七名天使分別是米迦勒、加百列、拉斐爾、烏列、巴拉基勒、耶胡迪爾、撒拉斐爾。其中前三名天使可以說是固定班底，後面四名天使則經常變動有不同版本，換句話說也就是視乎聖經的記載和神學家的不同見解，仍有不少解釋空間。

聖經曾經記載到名字的僅有米迦勒和加百列，而這兩名天使又被定位為大天使。

★位於英國東薩塞克斯郡布萊頓的聖米迦勒暨諸天使堂的彩繪玻璃。由左往右依序是米迦勒、加百列、烏列、夏彌爾、拉斐爾、約斐爾和薩基爾。

★義大利畫家安傑利科修士（約 1400 ～ 1455）的畫作《聖母領報圖》。普拉多博物館。記錄了《新約聖經》所述大天使加百列告知馬利亞她胎中懷了神子的一景。

★基督宗教三大分支之一東方正教會的聖像（十九世紀）。中央紅衣者是耶穌，其後由左至右依序是耶胡迪爾、加百列、撒拉斐爾、米迦勒、烏列、拉斐爾與巴拉基勒。七大天使腳邊有一名熾天使（Seraph）和兩名智天使（Cherubim）。熾天使（複數形為 Seraphim）顏色如火、能夠翱翔天際，立於寶座之側讚頌上帝。智天使（單數形為 Cherub）是智慧天使之意。神將最初的人類亞當夏娃逐出樂園以後，便曾讓智天使把守通往「生命樹」的道路。

★「大天使米迦勒」的聖像（十三世紀），收藏於埃及西奈半島的聖凱薩琳修道院。米迦勒是著名的守護天使，曾率領天使軍團戰勝背叛神的惡魔及其爪牙。

墮天使

因背棄上帝而遭驅逐到地上的天使

　　墮天使是聖經裡面曾經提到與神對立的勢力。相傳神用火創造天使，用土創造人類。天使當中有個特別重要的大天使後來背叛了神，一說其名叫作路西法。聖經並未明確記載路西法為何背叛神的原因，有一派說法相信變成撒旦（惡魔）的路西法因為看見神過度干涉人類、不滿神寵愛區區泥土捏成的人類，這才慫恿人類背叛神、藉此復仇。根據聖經記載，這個復仇行動後來也果然成功，慫恿最初的人類亞當夏娃背叛神的那隻蛇正是撒旦。聖經還曾經多次描寫到決定追隨撒旦的其他天使，相傳這些從天界被打落凡間的墮天使在地上享盡榮耀繁華。這些在地上蔓延橫行的墮天使消滅神子的那天便是世界末日，也就是所謂的「哈米吉多頓」。

☆《叛逆天使的墮落》。英國人威廉‧德‧布萊利斯（～1260）所繪。象徵天界的圖畫中央畫的是神，天地左右繪有許多天使，背叛神的天使則是位於圖畫下方，頭下腳上從天界墜入地獄之口。眼看就要被野獸形象的地獄之口吞噬的背叛天使，顏色相當污穢。

☆《墮天使》。西班牙雕刻家里卡多‧貝弗爾的作品（1877年）。

☆《叛逆天使的墮落》。法蘭德斯（今荷蘭）畫家老彼得‧布勒哲爾的繪畫（1562年）。描繪米迦勒率領天使軍團與墮天使戰爭的場面。畫面中央的圓形處便是天界，墮天使便是從此墜入地上。墮天使在墜落後仍然是人類模樣，愈往下墜就會變成形態各異的怪物。中央的天使就是米迦勒。

CHAPTER｜2｜為中世紀歐洲增色的神話與傳說

魔宴

Sabbath

暗夜中聚集的女巫與惡魔

◆◆◆

其實不光是中世紀，歐洲直到近世都一直相信女巫的存在。人們相信女巫與惡魔往來、從惡魔身上獲得超自然能力，藉此迷惑並阻撓人們信神。據說女巫還經常召開與惡魔交流的集會，亦即所謂魔宴，而惡魔也會參加魔宴並且和女巫性交。此外魔宴也有餐宴環節，甚至還會把孩童的血肉端上餐桌。

女巫本指是施行咒術治病以及行使占卜術的女性，後來漸漸被形塑成女巫，再加上基督教的傳揚散播，她們才終於被定義為今日這般近乎惡魔的形象。

☆最早描繪魔宴的圖畫之一，十五世紀的插繪。幾名女巫正在跪拜化身成山羊的惡魔，遠方還能看見騎著怪物前來參加魔宴的其他女巫。山羊在希臘神話和埃及神話裡都是神的象徵之一，而基督教卻多次將曾經神的象徵妖魔化，這恐怕是基督教貶低與女巫同屬舊時代的象徵的一種戰略。

☆西班牙畫家路易斯・里卡多・費瑞羅（1851～1896）筆下的魔宴，此畫題名《魔宴的女巫》，或稱《瓦普吉斯之夜・女巫出發》（1878）。據說「瓦普吉斯之夜」是規模最大的魔宴，舉辦於五月一日。現在德國每年的五月一日都要舉辦「復活節篝火」的祭典。原來的女巫大會，如今已經轉化演變成為基督教的行事。

☆摘自約翰・雅各布・威克（1522～1588）年代記。惡魔坐在王座上向眾人發送魔法藥水，後方女巫則是正在製作魔法藥水。其中一名女巫正在親吻惡魔的肛門。當時相信愈是污穢不潔的性行為，愈能討得惡魔歡心。

☆相傳大西洋海面的特內里費島（西屬加納利群島）群山是從前女巫舉行魔宴的場所，而附近山地也確實有許多女巫或安息日的傳說流傳。

Holy Grail

聖杯傳說

傳說中能治癒所有傷勢疾病的聖遺物

　　聖杯其實是受亞瑟王（p.8）傳說採用為主題以後才開始受到傳唱。亞瑟王的故事當中，聖杯曾經突然毫無預兆地出現，憑空變出圓桌席上眾人想吃的食物，然後就又消失不見了。亞瑟王親眼目睹此一場景，深信方才那杯便是傳說中能夠治癒任何傷勢的聖杯，遂命令圓桌武士去探尋聖杯，好幫受舊傷所困、無法遂行統治的友人佩萊斯王（漁夫王）治傷，陌生而危險的探索聖杯之旅卻讓亞瑟王折損了多名圓桌武士。

　　即便如此，後來帕西法爾、加拉漢和鮑斯三名武士還是好不容易找到了聖杯城，當加拉漢捧起聖杯的時候，這名最純潔無穢的騎士竟然連同聖杯一起蒙天恩召。目睹此景的帕西法爾受到極大衝擊而決定出家為僧，不久就在同地過世了。至於剩下的鮑斯則是為傳達事情的始末而回到了亞瑟王身邊。

★十五世紀後半期亞瑟王傳說手抄本的插畫，畫到聖杯突然出現在圓桌上。

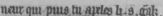

★十四世紀成書的《帕西法爾—聖杯的故事》一節的插畫。據說這是自從十二世紀末法國詩人克雷蒂安‧德‧特魯瓦創作這本書以後，首次提及聖杯的版本。書中聖杯出現在帕西法爾尚未成為騎士以前，修行途中受召來到漁夫王城堡的時候。帕西法爾在漁夫王的城堡看見一列不可思議的隊伍捧著滴血的長槍和聖杯前進，一時之間被眼前異樣光景嚇得目瞪口呆，出了城回過神來再回頭看，整個城堡都已經消失不見了。後來帕西法爾把這段故事告訴表妹，表妹說道：「當時如果你問說這聖杯是要獻給誰的，那漁夫王的傷勢早已經痊癒了。」娓娓道出了聖杯的部分奧妙。

★十四世紀前半法國手抄本的袖珍畫。猶太人騎士（另說為商人）亞利馬太的約瑟用聖杯盛裝十字架上耶穌的聖血。據說約瑟後來受復活的耶穌任命為聖杯護持者，然後帶著聖杯渡海去往不列顛。克雷蒂安死後，世人相信他筆下描繪的聖杯便是亞利馬太約瑟的聖杯，令聖杯進一步結合基督教與騎士元素而從此傳奇化。至於帕西法爾在漁夫王城堡看見的那柄槍，則據說是刺進耶穌側腹令耶穌斷氣的「隆基努斯之槍」。

錬金術與賢者之石

啟發近代化學的神祕祕術

　　旬信將賤金屬變成貴金屬、甚至黃金的技術發源自古代埃及和古代希臘。根據亞里斯多德所謂萬物均是由火、空氣、水、土四種元素構成的哲學，時人相信只要調整四元素的比例便可以創造出黃金，後來又衍生出必須使用「賢者之石」作為觸媒的思想。賢者之石能夠治病、能夠讓人不老不死，還有「靈藥」等不同名字。

　　自從十二世紀錬金術經由伊斯蘭世界傳入以來，歐洲錬金術師也開始傾注所有熱情試圖製作出賢者之石。儘管遭教會斥為詐欺魔術而迫害，另一方面卻也開始有人將其定位成一種實證學，其中後者最終發展形成了化學。十六世紀帕拉塞爾蘇斯運用錬金術方法將化合物作醫藥用途應用，甚至十七世紀開創近代科學的波以耳和牛頓均從事過錬金術研究也是不爭的事實。

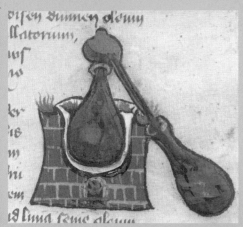

★中世紀所繪蒸餾器。鍊金術創造出各種實驗器具，為近代化學的開花發達做好了準備。

★十九世紀尼樂‧勒梅的肖像畫。歐洲在中世紀到文藝復興時期這段期間有諸多鍊金術師的傳說，其中十三世紀後半至十四世紀初在法國經營出版業的尼勒‧勒梅亦以鍊金術師為世所知，甚至傳說他曾經成功製造出賢者之石，而他也因此得以在英國的人氣小說《哈利波特》當中粉墨登場。

★1676年帕拉塞爾蘇斯作品集中的帕拉塞爾蘇斯肖像。帕拉塞爾蘇斯試著將鍊金術作醫學用途的應用，果然就印證了鉛、水銀、砷等化合物的治療效果，他也因此被奉為「醫療化學之祖」。與此同時，帕拉塞爾蘇斯也確有其神祕主義的面向，據說他跟勒梅同樣曾經成功製造出賢者之石，還有傳說指帕拉塞爾蘇斯曾經創造出人造人「荷姆克魯斯」。

★文藝復興畫家老彼得‧布勒哲爾1558年的畫作《鍊金術師》。布勒哲爾以鍊金術師為主題描繪人類的愚行，指示兩名徒弟操作實驗的鍊金術師家中央，妻子正在確認錢袋裡面空空如也，背後則畫到在餐具櫃裡面找尋食物的孩子和試圖安慰妻子的修女，處處都可以窺見畫家對鍊金術抱持著相當懷疑的態度。

齊格菲

Sigurd

被戳中唯一弱點的英雄

　　齊格菲傳說大體集中收錄於十三世紀初成立的敘事詩《尼伯龍根之歌》。

　　尼德蘭王子齊格菲先是消滅尼伯龍根族奪得名劍巴爾蒙克，接著又得到讓力量增幅十二倍的隱身斗篷，甚至還因為屠龍濺到龍血使皮膚硬化變成不死之身，卻因為當時背後黏了一片菩提樹葉沒沾到龍血，使得後背那塊成了齊格菲唯一的弱點。

　　後來齊格菲襄助勃艮第國王襲特爾迎娶冰島女王布倫希爾德，作為交換條件自己則是娶了襲特爾的妹妹克里姆希爾特。有一次克里姆希爾特和布倫希爾德為了齊格菲發生口角爭端、克里姆希爾特出言侮辱了布倫希爾德，襲特爾的重臣哈根遂從齊格菲的唯一弱點後背將其刺殺作為報復；這廂克里姆希爾特也發誓報仇，便和匈族之王埃策爾（阿提拉）再婚、滅了勃艮第王國。

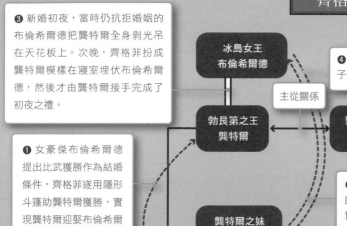

齊格菲周遭人物相關圖

❸ 新婚初夜,當時仍抗拒婚姻的布倫希爾德把龔特爾全身剝光吊在天花板上。次晚,齊格菲扮成龔特爾模樣在寢室埋伏布倫希爾德,然後才由龔特爾接手完成了初夜之禮。

冰島女王 布倫希爾德

❹ 因克里姆希爾特是臣子之妻而蔑視之。

主從關係

勃艮第之王 龔特爾

龔特爾重臣 哈根

❶ 女豪傑布倫希爾德提出比武獲勝作為結婚條件,齊格菲遂用隱形斗篷助龔特爾獲勝,實現龔特爾迎娶布倫希爾德的願望。

❺ 謊稱設伏並奪取其處子身的其實是齊格菲,侮辱布倫希爾德。

龔特爾之妹 克里姆希爾特

❷ 因為成就了龔特爾跟布倫希爾德的婚姻,作為交換條件齊格菲跟克里希爾特的婚姻也因而獲得認可。

齊格菲

❻ 與布倫希爾德合謀打聽出齊格菲的弱點,趁隙以長槍刺進齊格菲後背。

★不來梅市民公園的齊格菲屠龍雕刻。康士坦丁·道希作品(1890年)。

★把龔特爾吊起來的布倫希爾德。約韓·亨利希·菲斯利作品(1807年)。

浮士德博士

Doctor Faustus

背棄上帝、與惡魔締結契約的男子

浮士德傳說據說是以十六世紀德國的史實人物約翰·喬治·浮士德為模版。浮士德以占星術師、鍊金術師身分遊歷歐洲各地,將鍊金術的實驗稱作黑魔法向人表演,飽受同時代的宗教改革家馬丁路德批判非難。 後來在 1540 年前後,浮士德在一場鍊金術實驗當中被炸得支離破碎,也因為其死狀悽慘,後來才有傳言指浮士德曾經與惡魔締結契約。

根據傳說記載,浮士德由於學者生涯遭遇瓶頸,故而背棄上帝、轉向惡魔尋求能夠獲得諸多知識與快樂的魔力。惡魔陣營指派梅菲斯特作為代理對口回應浮士德,雙方締結了浮士德必須在二十四年寬限期滿以後將靈魂售予惡魔的契約。浮士德固然獲得了各種享樂,卻也在契約期滿的同時後悔而死。

哥德根據上述傳說,加入浮士德因為少女葛麗卿的愛使罪孽獲得救贖的民間傳聞,創作了著名的戲劇《浮士德》。

★德國郵票所繪浮士德與梅菲斯特。

★十九世紀英國畫家理察‧韋斯托爾筆下的浮士德與莉莉絲。哥德的劇戲《浮士德》有描述到亞當的第一任妻子惡魔莉莉絲誘惑浮士德的情節。

★十九世紀法國畫家歐仁‧德拉克羅瓦筆下的梅菲斯特。

★1808年刊行的哥德戲劇《浮士德》第一部。

★十九世紀繪製的浮士德創造荷姆克魯斯（人造人）的插畫。

延襲直至現代的奇幻系譜

中世紀記錄的諸多作品成為奇幻源流

　　所謂奇幻，就是指以有別於現實的另一個超自然世界為主題的文學、電影、遊戲等作品。奇幻在歐洲發端自古代，中世紀若單論書籍創作則有堪稱集大成的《亞瑟王故事》（p.8）和《尼伯龍根之歌》（p.68）等神話與傳說。

　　以世界的文學思潮而論，約莫自十九世紀中期起，為制衡對抗浪漫主義而先有排斥虛構空想、主張應忠實呈現現實的寫實主義崛起；時至二十世紀中葉，又有對抗寫實主義的新浪潮出現，那便是試圖在作品諸設定不會相互矛盾的前提之下描繪一整個虛構世界的奇幻主義，其濫觴便是英國的文獻學者兼作家Ｊ・Ｒ・Ｒ・托爾金（1892～1973年）。

　　旬信成立於八～九世紀間的屠龍英雄譚《貝爾武夫》是英國最古老的傳說之一，而托爾金是《貝爾武夫》研究界的第一人，他運用自身對神話、傳說的豐富知識於1945年出版了《魔戒》，推出後大受歡迎，使得托爾金的世界觀從此成為了後世所有奇幻作品的重要基礎。舉例來說，電影或遊戲等奇幻作品經常會有哈比人、半獸人、精靈、矮人等種族，這些其實都是托爾金根據中世紀傳說創造出來的虛構生物。除此之外，例如噴火龍、魔法師、騎士、賢者之石和聖杯等物事，也可以說是受到以中世紀世界觀為背景的托爾金作品影響，從此成為奇幻作品當中不可或缺的元素。

★卡羅・克里韋利作品
成於 1470 年前後。已經用長槍貫穿魔龍法夫尼爾的脖子，舉起魔劍格拉墨正要結束魔龍性命的齊格菲。當時龍給人的印象遠比現代要來的羸弱。

★《聖杯傳說》某個描繪加拉漢的場景，亞瑟・休斯畫作（約 1865 年）。現代的英雄奇幻於十九世紀便已經初具形式了。

第 3 章

中世紀的農村

中世紀農村的成立

從古典莊園到純粹莊園乃至自耕農

古羅馬末期有種連同土地一併買賣科洛努斯（佃農）、藉此經營的農業形態叫作科洛納圖斯，據說是中世紀隸農制的前身。隸農有別於戰爭奴隸，他們擁有家庭、住居以及農具的所有權，卻必須受到自給自足莊園領主的管理統治，沒有遷徙移動自由和選擇職業的自由。

莊園裡除了領主直屬地以及由隸農家族經營的保有地以外，還有森林、牧草地、湖沼等共有地。隸農除了必須繳納作物作為租用保有地的生產物地租（納貢）以外，還另有每週必須耕作領主直屬地兩到三天、支付勞務地租之義務。

此農村形態稱作「古典莊園」，十世紀可遍見於西歐全境。

★《貝利公爵的豪華時禱書》（三月）。領主館邸（後方）附近的農場有畫到正在工作的隸農。當時已經使用以牛馬為動力的重型有輪犁（前方），將農地劃分為春耕地、秋耕地、休耕地以防止地利衰竭的三圃制農法也已經相當普及，生產量有大幅提升。

✦ 莊園的崩潰

　　話雖如此，中世紀歐洲卻也並非所有
務農者盡皆隸農，擁有自己土地的自耕
農倒也不在少數。可是九到十一世紀以
後，諾曼人（維京人）大移動造成社會
混亂，造成不少自耕農因為尋求騎士或
教會等領主庇護而自願成為附庸領民。
對缺乏強大武力的自耕農來說，庇護是
絕對必要的。

　　十一世紀以降隨著都市和商業的發
達、貨幣經濟擴張，領主將原先自給自
足所需的直屬地分割出去作為隸農保有
地，莊園也從領主徵收生產物地租和勞
務地租切換成徵收貨幣地租，演變形成
所謂的「純粹莊園」。待貨幣經濟愈發
進步以後，不少累積財富的隸農紛紛選
擇支付金錢來免除各種義務、從隸農搖
身一變成為自耕農，導致莊園制至十四
世紀前後終致解體崩壞。

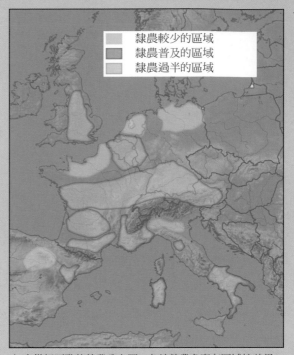

★ 中世紀西歐的隸農分布圖。各地隸農多寡有區域性差異，
並不一定全數均是由隸農構成。

隸農較少的區域
隸農普及的區域
隸農過半的區域

古典莊園（約七～十世紀）

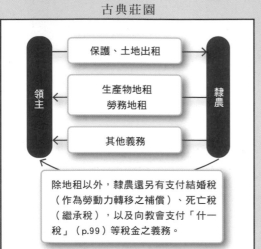

古典莊園

領主 ← 保護、土地出租 → 隸農

領主 ← 生產物地租 勞務地租 ← 隸農

領主 ← 其他義務 ← 隸農

自耕農

除地租以外，隸農還另有支付結婚稅
（作為勞動力轉移之補償）、死亡稅
（繼承稅），以及向教會支付「什一
稅」（p.99）等稅金之義務。

所有產物都是歸己所有的財產，相對
地卻缺乏應對諸如大量移民流入之類
外部變動的能力。

農村的形狀

典型的中世紀莊園

◆◆◆

　　現代法國和德國均大面積受到森林覆蓋，中世紀便是從這些森林當中開拓耕地形成莊園。因為這個緣故，中世紀初期的莊園一般都是隸農保有地和農民所有地分散於森林各處的散村，甚至隸農徒步走上一兩個小時到領主直屬地去服勞動的情形也並不少見。

　　自從九世紀諾曼人南下以後，隸農和農民為尋求保護而開始向有力領主集中，演變形成由領主統治一片相連固定區域的集村社會（村落共同體）。以村落形態而論，除了以教會或廣場為中心、農家環繞於其外的「塊村」，還有農家和教會並列於中央大道兩側的「列村」等算是比較常見的形態。

★捷克某個保留中世紀「塊村」樣式的村落。

✦演變形成村落共同體

重型有輪犁的問世對莊園從散村演變成村落共同體同樣有著很大影響。鐵製的重型有輪犁確實可以利用牛馬拖拉達到深耕農地的效果，可是無論隸農或農民都沒有家家自備一具重犁的必要，於是眾人選擇共同持有重型有輪犁、農耕作業成為整個村落的共同作業，從而促進了村落住居的集中化。

設定休耕地以恢復地利、增加收穫量的三圃制農法（p.82）也大概是在這個時候導入農村。與此同時，隸農的保有地也已經逐漸增加到共同耕作田畝的數倍之多。

村落共同體除領主直屬地、保有地、共有地以外，又設有領主或總督館邸、農奴農民的住居、教會、磨穀子的水車磨坊和麵包烤窯等設施，村裡還有專門製作和修繕農具的鐵匠，確保自給自足農村生活可以長期經營。

✦ 使用耕馬與重型有輪犁的農耕作業（十五世紀），以木材固定鐵犁讓耕馬拉曳翻土耕作，又用車輪支撐鐵犁的重量、減輕耕馬的負擔。以這種犁具為核心組成的裝備叫作再墾犁（Moldboard Plow）。再墾犁在中世紀使用已經相當普遍，提高了農地的生產性。

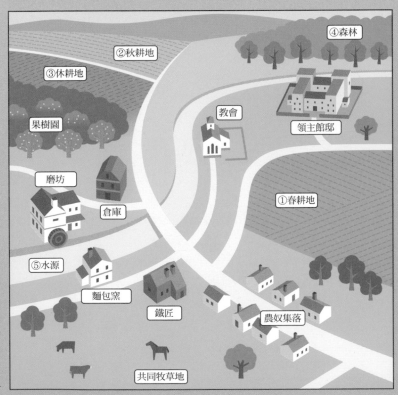

②秋耕地
③休耕地
④森林
果樹園
教會
領主館邸
磨坊
倉庫
①春耕地
⑤水源
麵包窯
鐵匠
農奴集落
共同牧草地

✦①～③耕地
三圃制農法是將農地劃作三份，其中一塊農地完全休耕、恢復地利藉以提高收穫量。

✦④森林
森林是薪柴和木材的供給來源，同時也是放牧豬隻的地方。不過狩獵乃是貴族等領主階級的特權，即便是村落共同體的共有林地也不允許領民在此獵取野鹿、山豬、山雞等獵物。

✦⑤水源
作為水源的河川大多數會劃為共有地，在河中捕魚的漁業權則有時候會被劃給負責管理水車小屋的磨坊，成為磨坊的特權。

農村的住居

中世紀不停進化的農村房屋

　　中世紀初期在十世紀以前農村仍是散村形式，那時農村的房屋都只是極其簡單的小屋：直接在地面挖洞豎起掘立柱、柱間塗抹泥土或牛糞製成土牆，再用麥梗或茅草鋪設成屋頂。至於地板也僅止於填實地面或者用黏土覆蓋，室內面積頂多十幾平方米而已。只不過，現在德國北部一帶似乎也曾有過長三十米、寬十數米，內有數個親緣家庭同居的大型掘立柱住屋。觀察法國等地的單一家庭用小屋遺跡，可以發現其地板面積隨著時代變得愈發寬廣，至十二世紀以後開始流行將住屋隔成兩個房間；房屋多呈長方形構造，設置出入口的大房間是附暖爐的起居室兼廚房，後面一牆之隔的小房間則是寢室，而起居室的暖爐通常是正對著隔間的牆壁設置。

★ 愛沙尼亞重現中世紀歐洲農村的「愛沙尼亞露天博物館」。富農的住宅是用主屋和小屋將牧草地環繞於中央，呈農場式的構造排列。

☆十三世紀開始使用石材

隨後的十三世紀，歐洲人開始使用石材
作為建材，房間的數量也跟著增加。某些
富裕的農戶甚至可以看見以主屋為中心、
並以倉庫和家畜小屋環繞中庭的住屋形態。
十四世紀以後，先以石材鋪設成地面或地
基，其上用木料築起樑柱骨架，木料間再
填充磚石、黏土或灰泥的所謂「半木骨架」
建築問世，屋頂也不再只用麥稈茅草而是
改用窯燒瓦片鋪設，已經愈來愈接近故事
書插畫和電玩遊戲中常見的中世紀歐洲住
宅形象了。

☆ 奧地利薩爾
茲堡保存下來的
傳統土牆小屋。

☆ 木框外露於
房屋外側的「半
木骨架」於十四
世紀以後問世。

☆ 地爐與床架。整體給人印象跟日本中世紀的住家內部相當類似，主要差
別在於床架直接設置於泥土地面上，可見其室內不脫鞋的文化特徵。

CHAPTER | 3 | 中世紀的農村 |

農民的生活

記載農村一整年活動的農事曆

◆◆◆

　　所謂農事曆便是以一年為周期記錄的農業行事計畫表，這些資料告訴了我們農村當中農民和隸農的生活樣貌。諸多資料當中尤以十四世紀初義大利科學家兼法律學家彼特羅‧德爾‧克雷森齊所著園藝書籍《農村生活的好處（Ruralia commoda）》的插畫，以及十五世紀初法國皇室貝利公爵約翰委託林堡兄弟繪製的精裝抄本《貝利公爵豪華的時禱書》，是描繪記錄農民每個月生活的極珍貴資料。

　　中世紀初期當時許多日期並未統一，例如有些地方是以三月為年初，有些地方則是以耶誕節為一年之始，各地多有不同。不過後來歐洲多以教會曆為準、統一改以一月為一年之肇始，前述農事曆也都是從一月開始畫起的。

→✱《貝利公爵豪華的時禱書》

一月：從耶誕節到主顯節的誕生節日期間並無農事，是農民整年最放鬆的一段期間。

二月：在擔心餘糧的同時等待春天到來，是一年最嚴苛的季節。畫到暖爐旁取暖的農民、伐木的樵夫和牽驢搬柴的人。

三月：漸漸感受到春天的氣息，開始下犁耕作。

四月：復活節是春分第一個滿月後的第一個星期日，切膚感受到春天的到來。

五月：森林樹木愈發繁茂，農耕作業正式展開。

六月：全體村民共同的夏季除草活動，製作冬季用的乾草料。夏至六月二十四日是洗禮約翰的節日，就是要開始夏季除草的日子。

七月：收割去年秋天播種的小麥和裸麥是七月最重要的工作。《農村生活的好處》畫在四月的剃羊毛作業；而在《貝利公爵豪華的時禱書》裡面卻是畫在七月，可以窺見不同區域和年代間的差異。

八月：收割春天播種的大麥燕麥、執行小麥裸麥的打穀作業，是農民最忙碌的一個月份。

九月：完成葡萄收成這項秋季重大工作以後就是莊園的會計年度末，要支付稅金（地租）。

十月：秋季小麥和裸麥的播種作業，預計在過冬後隔年的夏天收成。背景建物畫的是羅浮宮。

十一月：製作葡萄酒和麻線，採集森林裡的橡實等果實把家畜豬隻餵胖，開始準備過冬。

十二月：領主進森林狩獵山豬，領民將豬肉製成香腸和醃肉，準備冬季的食材。

2月

9月

6月

10月

7月

12月

←✱《農村生活的好處（Ruralia commoda）》

彼特羅・德爾・克雷森齊所著園藝書籍裡的農事曆圖畫。從左上到右下依序描繪了一月到十二月的農活作業。

一月：採掘建材用的黏土。**二月**：取家畜的糞便施肥。**三月**：為葡萄樹等果樹剪枝剪定。**四月**：剃羊毛。**五月**：領主放鷹狩獵。**六月**：製作乾草料。**七月**：小麥收成。**八月**：小麥打穀。**九月**：為明年的小麥播種。**十月**：製作葡萄酒。**十一月**：採集橡實把豬隻餵肥。**十二月**：宰豬和食肉加工。

中世紀的農作物

麥子豆子是最重要的作物

　　中世紀的主要農作物絕對就是麥子。在降雨量相對較少的歐洲，主要栽培的作物自然就是耐乾燥的麥子，尤其秋天播種的小麥裸麥是要過冬以後隔年夏天採收，主要磨成麵粉用來製作主食麵包。春季播種的大麥燕麥除了可以烹煮成燕麥粥之類的粥狀食物來吃，還會被用作啤酒的原料或是拿來餵養馬匹。春麥耕地和秋麥耕地再加上啥都不種的休耕地三者輪耕，此即所謂「三圃制（三年輪作）」農法（p.77）。農民會在春麥耕地的田畝間種植豌豆或蠶豆等豆類，因為附生於豆科植物根部的根瘤菌能夠捕捉植物三大營養素之一的氮，能夠讓土壤變得肥沃，據信中世紀歐洲人已經根據過往經驗確知在田畝間種植豆類的效果。

✯葡萄等果實也有生產

果樹是重要性僅次於麥子和豆子的農作物，其中又以製酒用的葡萄的商品價值特別高，許多地方均有廣泛栽培。至於不適葡萄生長的歐洲北部則是主要種植蘋果，拿來製作蘋果酒等各種釀造酒，更北邊的地方則是取蜂蜜來釀造蜂蜜酒。一直以來歐洲就有儲備飲用水以備乾渴的必要性，葡萄蘋果榨出果汁經過自然發酵就會變成含酒精的飲料，只消裝進容器就可以妥善保存。葡萄酒和蘋果酒都是當時為了活命而創造出來的必需品。

往南來到溫暖的地中海沿岸地區，這裡自古便盛行橄欖樹栽培。

其他農作物除洋蔥、胡蘿蔔、蕪菁、高麗菜、萵苣、蒜頭等蔬菜以外，就連哈密瓜也有種植。再說到現代西洋餐桌上不可或缺的馬鈴薯和蕃茄，在十五世紀末哥倫布從美洲大陸引進以前其實並不存在於歐洲。非食用農作物則有麻和亞麻等纖維植物、茜草等染料植物，都是栽種相當廣泛的工藝作物。

✯ 十四世紀阿拉伯人伊本·巴特蘭編著《健康全書》收成葡萄的場景。葡萄採收以後放進大木桶裡，用人力踩踏榨取果汁。

✯ 重現中世紀歐洲的食材。起司是另一個餐桌必備食品。

←✯摘自 1525 年成書的法國時禱書。描繪小麥收成的景象。

水車小屋與使用稅

顧人怨的付費使用設施

　　秋麥在隔年夏天收成以後要先用打穀棒敲打、褪去麥殼，磨成麵粉、烤成麵包。到打穀為止是農民、隸農的工作，磨粉有莊園領主準備水車小屋磨坊、雇用專門的磨坊師傅，烤麵包也有操作大型麵包爐的專門麵包師傅負責。這些個人無法負擔的大型設施是由領主負責營運維持，乍看之下似乎相當理想，但其實從前的領主會強迫領民使用這些設施、收取使用費。就算想用手拉石磨、自己磨麵粉省點錢，也會遭到領主禁止。這種領主利用獨占設備強迫領民使用的權利喚作「使用稅」，課徵使用稅的代表性設施包括前述磨麵粉的水車小屋、麵包烤爐，以及製作葡萄酒使用的榨汁機。

★水車小屋（十五世紀法國）。水車小屋在當時也是個權力的象徵。

★特意佈置的使用稅包圍網

某些地區也會在拍打羊毛做成毛氈形狀的縮絨機、啤酒釀造機、纖維染色設備、木材場等設施佈置使用稅包圍網。

使用費通常都是以實物支付,例如磨粉水車就是在磨麥的過程中扣除收取十六分之一的麵粉成品。也就是說,負責管理這些使用稅設施的師傅工匠,對領民來說就相當於是領主的徵稅代理人。其次,這些遠離領民聚落、住在水車小屋或麵包烤窯專用小屋的師傅,還獲得領主授予水源地漁業權、酒館經營權等特權。憑著這些特權向領民榨取財富的使用稅設施的師傅經常會成為領民埋怨怨恨的對象,以致坊間屢屢會流傳磨坊師傅老是在交付麵粉時偷斤減兩的傳聞,或是水車小屋裡有魔鬼棲息的流言。

★ 水車小屋及其內部(十三世紀英國)。水車本身是古羅馬時代的發明,不過歐洲是直到十一世紀才開始變得普遍。根據十一世紀末英格蘭王國的土地調查帳記載,整個王國共有5624台水車,平均五十個家庭使用一台水車。

★ 開羅(埃及)水車小屋遺址內部。利用齒輪把垂直方向的旋轉轉換成水平方向的旋轉,藉以驅動石臼。

中世紀的飲食

以硬麵包和麥粥為主食

　　中世紀歐洲無論農村或都市均是以麵包為主食，差別只在於都市吃的是小麥做的白麵包，農村用的則多是便宜的裸麥、接近原種的斯佩耳特小麥，又或者是摻雜黍等雜糧做成又黑又大的硬麵包。農村的麵包窯是最具代表性的使用稅設施（→ p.84），領民帶著麵粉，又或者是事先自行添加酵母揉成麵團，並攜帶燒窯所需薪柴去到麵包窯，請領主雇用的師傅烤成麵包。領民要從出爐麵包當中拿出一部分支付師傅作為烤窯使用費，這跟水車小屋的使用費是同一個道理。中世紀歐洲人還會拿大麥或燕麥煮成粥。煮粥就毋須用到徵收使用稅的設施，是貧農想要省錢時非常重要的一道主食。

☆ 主食以外的食物

除麵包以外的食物，都是用鉤具吊在起居室的地爐上方烹煮料理。當時經常會用豆類和蔬菜煮成熱湯，把硬梆梆的麵包泡軟了來吃。調味料以鹽巴為主，偶爾也會添加荷蘭芹、香草類、薑蒜賦予香氣和味道層次，而豬油也是烹飪時的另一項必備食材。森林狩獵是領主等貴族階級的特權，一般平民的餐桌鮮少會有以肉為主菜的料理。只不過當時已有畜牧（p.88）所以人們也會食用冬天宰殺豬隻加工製成的香腸和醃肉，也會吃家禽的蛋和禽肉。牛隻是農耕的重要勞動力、是牛乳的珍貴來源，因此歐洲人起初並不吃牛，是直到後來才慢慢開始食用牛肉。

☆ 農村的麵包既黑且硬，又圓又大。麵包不是在自家烘烤，而是要請人烤成麵包以後再拿回家裡。挑選豬隻製作食用肉品的加工作業，是當時歐洲農村晚秋時節特有的風物詩（十六世紀法國）。

☆ 中世紀歐洲的另一項主食就是粥。品嚐時經常會加入番紅花等香料，添加風味。粥裡的肉塊是曬乾的豬肉。

←☆ 重現中世紀歐洲庶民的餐桌。偌大的黑麵包搭配奶油、起司，再加上堅果和水果組成。

中世紀的畜牧

農村生活不可或缺的家畜

畜牧是農村裡跟農耕同等重要的另一項大工作。拉犁的牛馬、搬貨的驢子騾子都是珍貴的勞動力，羊則是能夠生產羊毛和羊皮紙（p.124）。母羊和山羊是能夠提供乳汁的珍貴家畜，雞鴨鵝等家禽產的卵也是重要的蛋白質來源。豬是最具代表性的食用家畜，不過牛、綿羊、山羊和家禽類同樣也有人吃。狩獵是領主貴族的特權，唯獨兔子例外是領民也可以獵的獵物，是另一項珍貴的蛋白質來源。

牛馬綿羊山羊起初是放在圈起來的牧草地裡放牧，但自從開始實施三圃制農法（p.77）以後就改在休耕地放牧，如此牲口不但能夠吃雜草，糞便也是能夠增加地利的重要肥料。只是光憑休耕地的草料根本不夠牲口吃，還必須要另外準備牧草地，並且在六月的時候揮動大鎌刀割草製成冬天餵養牲口的乾草料。大約一個月後草地再次成長起來，就直接放牲口去吃草，為即將到來的嚴冬做準備。

✸ 遊牧

地中海沿岸地區或山岳地帶也有冬天在平地放牧、夏天拉到山地放牧的遊牧活動，甚至當時還有種喚作牧人的專業遊牧業者。牧人受莊園或全體農村委托從事放牧，從初春復活節開始遊牧直到初冬。家畜傷病要向牧人問責，因此牧人不少都是通曉民間療法的。

豬一般都是在森林裡放牧，甚至法語裡面有個指稱森林面積的單位「grande」便是以放養一頭豬所需的面積為準。秋天吃了許多橡實的豬隻肥了，冬天就宰了加工製成香腸醃肉作存糧。森林裡的地屬於領主貴族，在這裡放養豬隻必須支付租金。

✸ 在農村休耕地畜牧。摘自時禱書（六月），畫到趕在夏季正式來臨之前先幫羊兒剃毛（十六世紀法國）。

✸ 重現中世紀的衣服。羊毛保溫效果高，又因為含有適度的油脂所以耐水性佳，而且材質不易燃燒。

←✸放牧羊群的牧人。圖中也有畫到牧羊犬（十六世紀法國）。

中世紀的森林

敬畏的對象、恩惠的泉源

　　姑且不論地中海沿岸地區，西歐起初原是一整片鬱鬱蒼蒼的廣大森林地帶，中世紀初期的農村有如星星點點散佈於森林各處的孤島。森林距離村落不遠，可是一旦在森林裡迷了途，要走出來卻也並非那麼簡單，林中更有狼群等野獸棲息出沒。中世紀的人們對如此的森林甚是敬畏，認為森林是惡靈和魔法師出沒的異世界。

　　另一方面，森林也是為人們帶來諸多恩惠的場所。森林是豬隻的放牧地、是豬隻育肥活動當中的關鍵，再說森林非但可以採集栗子、核桃和菇類等食材，有野兔等野味獵物，還為人們提供可用作建材甚至製作各種道具的木材。森林裡還相當盛行人類從古希臘羅馬時代便已經掌握的養蜂業，神聖羅馬帝國在紐倫堡郊外就曾經有過專門從事養蜂的聚落。

★造成森林大面積消失的大開墾時代

森林諸多恩惠好處當中最最重要的，便是燃料使用的薪柴和木炭。歐洲的製炭不像日本是使用專用的製炭爐，而是在森林中選個開闊地面將採伐下來的木材堆成圓錐狀，從上覆蓋泥土壓實悶燒。燒磚、燒陶、製作玻璃都要用炭，其他像製鹽、製鐵同樣也非炭不可。製鐵的原料鐵礦石也常常是在森林裡開採，然後直接在森林裡面支個小型爐來製鐵。

隨著鐵的生產量增加，鐵器開始急速普及，鐵製農具道具尤其是重型有輪犁、鐵斧普及以後使得十一～十三世紀歐洲進入了所謂的大開墾時代，導致森林面積開始明顯減少。人們曾經為了保護農村生活當中至關重要的森林而制定了擅伐者斬首的嚴格規定，卻終究無法緩解森林面積的減少。

★《貝利公爵豪華的時禱書》十一月描繪森林中放牧豬隻的場景。畫中人物正在投擲樹枝要去敲打擷取樹上的橡實。森林也是家畜飼料的供給來源。

★《貝利公爵豪華的時禱書》二月畫到的養蜂道具。取麥稈等物編成吊鐘形狀的巢箱，秋天採收蜂蜜和蜜蠟。

←★歐洲的炭窯。取油脂豐富的易燃針葉覆蓋原木。從森林伐下來的木材要在現場製成木炭再行搬運，因為木炭重量遠比原木要來得輕上許多。

農村的職業

中世紀的農村並非全是農民

◆◆◆

　　中世紀農村住的並不是只有農民和隸農而已。當時是以村落為單位過著自給自足的生活，首先製作和修繕農具的鐵匠、木匠自是不可或缺。其他像是伐木、製炭和養蜂等產業活動雖然有些會是由專業職人來從事，不過由農民於農閒期間從事前述活動的卻也是所在多有。除此以外，農村還有磨坊師傅、麵包師傅等在使用稅（→ p.84）設施工作的人，以及代替領主分派工作的總督、監督隸農的監督官、教會的祭司等人物。

　　當然部分領主也會選擇居住在自己的農村裡，如此則勢必要有能夠滿足狩獵需求的專業人士同在，其中最重要的便是能夠從森林中殘留的腳印足跡或糞便追蹤到獵物的獵人，他們也因其特殊的能力而獲領主以高薪雇用。其他比較罕見的職業，還有捕捉小鳥餵養狩獵用老鷹的捕鳥師，以及拿樹枝燒成灰、用來製作清潔劑或是燒製玻璃所用觸媒的工匠。

★西門‧班寧（十六世紀比利時）所繪《時禱書》的三月。畫到衣裝講究的統治階級男性從大宅裡出發正要去狩獵，田裡是耕作的農民和看著農民的貴婦人，一旁則是揮舞斧頭要把大樹砍倒的樵夫。

★ 鐵匠（十四世紀英國）。圖中文字為拉丁文。

★ 酪農（十六世紀比利時）。

★ 農村裡面也有酒吧，這裡不只賣酒，還兼有旅行者住
宿、村民聚會場所等多功能用途（十四世紀法國）。

農村的祭典

令人切膚感受季節變化的祝日節日

　　中世紀的農民也並不是一年到頭都在務農，往往要全村動員參與慶祝各個季節的慶典節日。中世紀的慶典是以羅馬人、猶太教徒、日耳曼人和凱爾特人的節日為基礎，再受天主教會融合以基督教教義所形成。拿耶誕節來說，耶誕節就是源自古羅馬人信仰的密特拉教，是慶祝太陽神密特拉誕生的冬至祭典。復活節則是源自猶太教的逾越節，再結合日耳曼人的春分祭所形成的。除此以外，凱爾特人慶祝夏天到來的貝爾丹火焰節後來形成五月一日的五朔節，從前凱爾特人的新年十一月一日森慶節則是變成了萬聖節（慶祝諸聖人的節日），告訴人們該要開始準備過冬了。

【重要節日】

一月	【一月六日】主顯節：慶祝耶穌誕生的假期始於耶誕節，終於主顯節。 是農民一年當中少數可以休息的期間。	八月	【八月十五日】聖母升天節：慶祝聖母馬利亞蒙召升天。
二月	【變動節日】狂歡節（嘉年華）：二月～三月大齋期要斷食前的節日。	九月	【九月二十九日】米迦勒節：讚頌大天使米迦勒、加百列、拉斐爾的節日。完成穀物葡萄收成的農村（莊園）期末決算日，地租和稅金也是在這天繳納。
三月-四月	【三月二十一日～四月二十五日】復活節：慶祝耶穌復活的節日。春分後第一個滿月的週日舉行，宣告春天的到來。	十一月	【十一月一日】萬聖節：慶祝基督教所有聖人的節日。本是凱爾特人的新年，據說前一天除夕所有死者會返回人間，經過傳承演變才形成了今日的前夜祭萬聖夜。
五月	【五月一日】五朔節：伐木豎立五月柱慶祝夏天開始。 【復活節後的第七個週日】聖靈降臨日：記念耶穌復活昇天以後聖靈降臨在使徒的節日。	十二月	【十二月二十五日】耶誕節：慶祝耶穌誕生的節日。從這天起直到主顯節為止，便是所謂的耶誕假期。
六月	【六月二十四日】施洗約翰日：為耶穌洗禮的聖約翰生日。		

★ 老彼得・布勒哲爾有許多描繪農村風景畫作而被譽為「農民畫家」。年輕人圍繞著五月柱舞蹈。

←★十六～十七世紀荷蘭畫家老彼得・布勒哲學筆下的復活節。復活節彩蛋的風俗自古便有，從前便有用腳把碗裡彩蛋撥進圓圈之類的遊戲。

★ 牛津大學圖書館收藏的圖畫。庶民在耶誕節作各種裝扮歌舞為樂。耶誕節也是慶祝新年的祭典，據說有時候人們會被招待到領主家中，獲贈食物、衣物或薪柴等物。

中世紀的婚姻

古今皆然的人生大事

　　中世紀是現代人難以想像的多產而死亡率極高的社會，為此女性的初婚年齡更是特別早，絕大部分不到二十歲都已經結婚了。若論適婚的最低年齡，男性十四歲便算成人，女性則是十二歲。當時固然承認自由戀愛，自由戀愛然後結婚的卻是少數。當時重視兩個家庭的結合甚於兩個當事人，庶民之家也同樣必須時時刻刻考慮家庭的扶養人，也就是要以父母的意向為優先。貴族等權貴之家採取政治婚姻更是理所當然，讓五到六歲已經活過夭折死亡率最高的幼兒期的孩子與人訂婚亦是屢見不鮮。不過將結婚視為人生一大轉機此事倒是與現代無異，婚禮喜宴往往是農村市鎮全員集體參與的一大盛事。

★阿圖瓦的菲利普和瑪麗・德・貝里的婚禮（十四世紀：鄂圖曼帝國）。

☆界定個人生涯各階段的聖事

所謂「聖事（Sacrament）」就是對信徒施行藉以彰顯上帝恩惠的儀式。天主教會在十二世紀中期制定了洗禮、堅信禮、聖餐、懺悔禮、婚禮、敘階禮、終油禮共七項聖事，人們會在自身所屬的教區教會接受這些聖事，執行祭祀儀式界定個人生涯的重大階段。東方正教會將聖事稱作「奧蹟（Mysterion）」，將其稱作「禮儀（Ordinance）」的新教則是只有洗禮和聖餐兩種儀式。

洗禮：清水潔淨身體的入教儀式。中世紀初期當時異教徒改信基督教時也會施以洗禮，後來則是只有新生兒才會施洗。

堅信禮：為得到聖靈的恩惠，實施以手按額的按手禮並塗抹香油。中世紀中期之前習慣在洗禮後不久實施堅信禮，十三世紀以後才改成孩子要在七～十五歲左右施行堅信禮。

聖餐：重現耶穌最後晚餐的儀式性餐食，通稱「彌撒」。

☆ 中世所繪洗禮一景。

懺悔禮：寬恕赦免的聖事，至少每年一次要去教會向上帝和祭司告解自身的罪。

婚禮：相互合意成年男女的婚姻儀式，由祭司主持執行。

敘階禮：接受祭司或助祭授以聖職的按手儀式。並非所有信徒都要執行敘階禮。

終敷禮：使臨終者獲得平安和恩惠的香油塗布儀式。1972 年，天主教會決定除臨終者以外連病人都可以施行此聖事，故改名為「病者塗油」。

☆ 婚禮宴會一景（十五世紀義大利）。

☆真的有初夜權嗎？

莫札特歌劇《費加洛的婚禮》就是個講述主角阻止並懲戒伯爵企圖復辟「初夜權」的故事。所謂的初夜權，就是指自己統治下的領民結婚的時候，領主有權排除新郎、先行跟新娘發生性行為，不少歌劇和故事都曾有過描述，故此成為一個頗為人知的中世紀風俗。

只不過初夜權在當時是否受到實際執行卻是相當可疑，一說支付給領主的結婚稅就是免除初夜權的費用，一說指交不出結婚稅則新娘的處子身就會遭剝奪，然後才衍生出初夜權這個說法，甚至更有說法從根本懷疑初夜權打從一開始就不曾存在。

中世紀的稅制

以各種形式強制徵收的稅

　　中世紀的領主除繳納實物、繳納金錢和以勞動（勞役）支付的佃農地租（p.74）以外，還有水車小屋和麵包烤窯等使用稅設施的使用費（p.84），以及放牧豬隻收取的森林租借費（p.89）等等，總是試圖以各種可能的方法從領民身上榨取財富。

　　地租的支付方法和租金稅率因時代與地區而異，平均起來約佔整體收成的 5% 不到，很少有稅率超過 15% 的。當時的領主往往煞費心思要保護農民戶口以求能夠收取地租，造成勞動力轉移的結婚必須事先獲得領主許可，還要課徵結婚稅。領民死亡時同樣有繳納實物和繳納金錢的兩種繼承稅，而且還要交出被繼承人所持有最好的家畜牲口作為死亡稅。死者若無人繼承，則全部財產都要被領主沒收。

✲ 受領主榨取稅金的庶民

除此之外，領民還另有每個人都要課徵的人頭稅。這人頭稅在中世紀初期其實只是個表示此領民歸己統治管轄的象徵性稅收，負擔也並不重，但自從十一世紀後期領主階級開始在各地建設城堡，扛起各地區防禦以及維持治安的工作以後，人頭稅也從此就多了一層接受領主保護的對價含意。

至於森林，則是有負責管理共有林地的村落共同體，以及統治農村的領主雙方面在其中爭奪利益。有些想要盡可能從森林資源當中獲取收入的領主，他們會命令領民必須將採伐共有森林樹木所獲收入的三分之一上繳，或是對森林管理上的違法行為課徵罰款。除了上述來自領主的負擔以外，當時的領民還必須向教區教會繳納收成的 10%，名為「什一稅」。

從農村來到都市，除了「什一稅」和人頭稅以外，當時還要課徵某種類似居民稅的都市繳納金、通行稅、市場稅，以及商品流通的間接稅。都市與農村稅政的最大差別在於，當時都市自治體制已經相當完善，市政當局者本身也都是納稅者，已經懂得抑制稅金徵收避免負擔過重。

★ 十五世紀法國寓言詩集的插畫。強制領民必須使用的水車小屋等設施使用費，均是領民實質上的稅金負擔。

★ 向查理七世（1403～1461）繳納稅金（十五世紀法國）。百年戰爭期間國庫疲弊，使得查理七世不得不從直轄領地徵取稅收。除貴族和聖職者以外全體人民都必須繳納這項稅金，後來更從臨時增收稅金變成固定稅金。對領民來說這無疑是追加的稅項，人民生活變得愈發窮困，並進一步加劇貧富差距，最終成為引爆法國大革命的火種。

←★ 小彼得·布勒哲爾筆下人民向教會繳納「什一稅」的場景（1622 年比利時）。當時認為將收入的十分之一上繳教會是基督教徒的義務。

從教會和修道院看中世紀的時間

與今日同樣為十二等分制

對中世紀初期的歐洲人來說，一天的時間就只有分成日出到日落的白晝，和太陽下山以後的黑夜兩個時間區分而已。無論農民或都市市民都是日出而作，入夜回家就寢。隨著基督教愈發普及，各地紛紛建起教會和修道院以後，才開始採用更細的時間區分，而這些時間區分便是以基督教祭司、修道士信仰生活所用的報時鐘聲為基準。

報時的鐘聲依序是凌晨兩點的朝課、凌晨三點的朝讚課、上午六點的第一時課、上午九點的第三時課、正午的第六時課、下午三點的第九時課、下午六點的晚課和下午九點的晚禱都要敲鐘。在十四世紀發明機械式時鐘以前，採用的是把長度因季節而不同的晝夜直接分成十二等分的不定時法，上午六點為日出、下午六點為日落，白天使用日晷，夜晚使用沙漏、水漏或蠟燭計時。農民和都市的市民會跟著第一時課的鐘聲吃早餐上工、擺開早市。第六時課吃午餐，晚課時分回家吃晚餐，直到晚禱時分上床就寢。

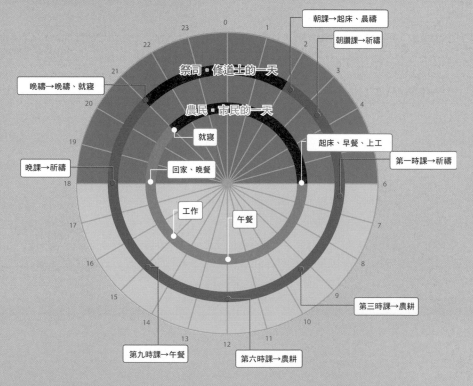

- 朝課→起床、晨禱
- 朝讚課→祈禱
- 祭司．修道士的一天
- 晚禱→晚禱、就寢
- 農民．市民的一天
- 就寢
- 起床、早餐、上工
- 晚課→祈禱
- 回家、晚餐
- 第一時課→祈禱
- 工作
- 午餐
- 第三時課→農耕
- 第九時課→午餐
- 第六時課→農耕

中世紀歐洲的都市

都市的成立

工商業發達促進都市成長

◆◆◆

從前古羅馬在西歐建構了高度的都市文明，可是五世紀日耳曼人從北方入侵以來，原先都市地區的居民遂離開了長期政情動盪的混亂都市，紛紛開始向自給自足的莊園遷居。包括今日巴黎的前身——古代高盧地區的中心都市盧泰西亞，以及倫敦的前身——不列顛地區的中心都市倫蒂尼恩等都市，都曾經一度遭到捨棄、形同廢墟。即便是從前的帝都羅馬，也禁不起日耳曼各族多次侵略而日漸荒廢。

話雖如此，卻也並非所有都市都告衰退。例如基督教設置主教駐地的法國盧昂和蘭斯，還有德國的科隆和美茵茲等主教駐地都市，便是因為設有主教而得以勉強維持延續早先羅馬城市的規模。後來羅馬復活成為天主教會的核心要地，而倫敦也在七世紀初聖保羅座堂落成那時再度發展成為政治上、宗教上、經濟上的重要都市。

★十五世紀畫家讓‧富凱筆下的巴黎。圖畫裡可以看見塞納河中間的沙洲西堤島上的聖母院。

✿ 都市開始獲得權力

　　十一世紀工商業愈見發達，始有作為貿易港口或交易中轉地而發展繁榮起來的都市出現，例如以東方貿易興起的威尼斯、熱那亞，以及米蘭、佛羅倫斯等義大利北部都市，還有以羊毛紡織工業興起的法蘭德斯地區布呂赫（布魯日）等都是。巴黎立地接近穀倉地帶，又有塞納河水利之便，遂以連結前述北義大利與法蘭德斯之貿易中繼地發達起來。

　　起初這些都市跟農村同樣都是受領主統治，後來因為組織起一種叫作公會的勞動者組織，種種活動使得都市擁有愈來愈多的發言權，最後終於得到領主和國王授予特許狀而獲得了自治權。尤其義大利更發展出一種都市吸收周邊農村形成的名為市鎮（Comune）的自治都市，並漸次擴張形成都市共和國。另一方面，德意志地區也有因為接受神聖羅馬帝國直轄而脫離領主統治管轄的帝國都市誕生。自治都市往往會結成都市同盟藉以排除來自皇帝或國王的政治干涉，例如德意志北部就有漢薩同盟，而義大利北部則是組織形成了倫巴底同盟。

人口推測地（高峰）
約 1100 ～ 1300 年
◉ 約八萬人以上
● 約四萬～八萬人
● 約兩萬～四萬人

倫敦　布呂赫　根特　科隆　巴黎　米蘭　布雷西亞　威尼斯　波隆納　熱那亞　佛羅倫斯　西恩納　羅馬　巴賽隆納　哥多華　巴勒摩

GENVA

☆十五世紀後半描繪熱那亞的圖畫。

☆米蘭和威尼斯一帶是義大利的倫巴底大區，是倫巴底同盟的核心地帶。當初就是這一帶的自治都市結成同盟，試圖脫離封建體制統治。

中世紀都市的形態

遮斷外敵威脅的都市構造

　　歐洲在日耳曼人大遷徙的兵荒馬亂下步入中世紀，後來又經歷了史稱第二次大遷徙的日耳曼人入侵（九～十一世紀）和領主紛爭、盜賊橫行甚至野狼出沒襲擊等，必須隨時準備對應各種不同的威脅。尤其是人口高度集中的都市，很多都是以修道院和城寨等防禦據點為核心向外形成都市，以致今日歐洲各國許多地名均帶有拉丁語「城寨」（Burgus）的衍生語，如法國所謂的布爾（bourg）、德國的伯克（burk），以及英國的伯勒（burgh）、伯格（berg）等。都市通常會以石頭或磚頭材質的城牆圍成疆界，若市區因為人口增長而必須向外擴張，勢必就要建造新的城牆包圍保護擴張領域，因此城牆可謂是中世紀都市一個相當重要的象徵性元素。

★法國的世界文化遺產「歷史城塞都市卡卡頌」。除山丘
上方以外，山丘下方同樣也有城牆環繞的街區。

☆十五世紀成書的事典《紐倫堡編年史》引為插畫的木版畫。圖中畫到堅固的城牆和高塔、都市城門。

☆都市中心的廣場和主教座堂

　　許多都市會在城牆頂部設置監視用的巡邏道路，出入都市的城門處則是建有高塔作為防禦設施，每天入夜就要關閉城門。都市城區的內外劃分極為嚴格明確，但據說戰時倒也往往會打開城門、把周遭農村居民放進城裡來。

　　城牆內側的街區是以中央廣場為中心、主要街道向外放射出去的構造，並且建有市府廳舍或教會正對著廣場。除了定期舉辦的商市以外，中央廣場也是舉辦節日祭典或騎士長槍比試（巡迴賽）的會場，更是公會的集會場地，甚至處決罪犯的刑場。市府廳舍是市政營運和司法審判的地方，部分廳舍甚至還有設置議場、監獄和鐘樓。由主教駐地發展形成的大都市則大多擁有工期動輒超過一個世紀的主教座堂堪為都市地標，例如德國科隆主教座堂從十三世紀動工開始，就是歷時超過六百年直到1880年才告完工。主要街道之間又有交錯複雜的小街道，同業者會集中在一個區域、形成麵包街或裁縫街等特色街區。較開闊的路口會設置廣場或汲水場，附近也經常會有規模較小的教會、修道院或者富人豪宅，相反地市區的外圍則是充斥著底層市民的住屋。

☆十七世紀繪製的紐倫堡地圖。街道以中央廣場為中心呈鱗比櫛次的網狀構造。

都市的住居

向高處擴張的都市住居

◆◆◆

　　中世紀都市並非計畫性建造，每逢人口流入城市就會如同生物一般漸次成長，可是能夠用城牆圍起來的土地畢竟有限，因此在人口不斷湧入的都市裡，庶民居住的房屋都要不斷往上擴張、蓋到三四層樓高，於是便形成了沿著街道一整排高層木造建築比肩林立的擁擠模樣。人口過度密集的大都市更是連橋上都可以蓋房子，著名童謠《倫敦鐵橋垮下來》裡的那座倫敦橋自從十三世紀初完工以後，橋上就漸漸演變形成了帶有玻璃拱形屋頂的商店街。

　　佔都市居民大多數的工商業者通常會把建築物的一樓部分用作店舖、工坊等工作場所或者倉庫，二樓以上才是居住空間。

★ 西恩納（義大利）的街市。仍然保留著中世紀歐洲的街景模樣。

✿ 都市人口密度增加

　　庶民的住宅裡面住的其實並不光只是主人家，經常還有徒弟和房客等人寄住。另一方面騎士階級或遠地貿易商、重要公會的師傅等富裕人家住的則是大宅邸甚至別墅，背面都有寬廣的庭院。庶民的住宅出於採光需求固然也會設置庭院，卻往往會在房屋多次增建以後漸漸縮小。現在的巴黎舊街區就是最好的例子，至今仍能發現一些將面積壓縮到最低限度的中庭。

★十六世紀中期所繪巴黎地圖的擴大圖。就連連接塞納河沙洲西堤島的橋樑上面也都蓋著密密麻麻的房舍。

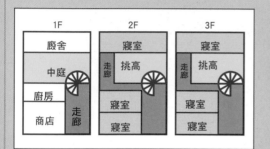

★十六世紀前半巴黎庶民住宅平面圖。一樓部分是店舖和出入口，最裡面設有廄舍。

★十六世紀中期巴黎地圖（局部）。有別於庶民住宅的侷促擁擠，富人宅邸設有大大的庭院，房屋構造寬敞許多。

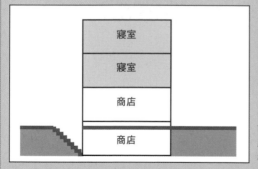

★狹小建地可以把一樓蓋成半地下室，如此一樓二樓都可以做店舖使用。

★1600 年前後記錄了舊倫敦橋的插畫。舊倫敦橋在十三世紀初完工後過沒多久，橋上就蓋起了住商兩用的建築物。

都市的政治與居民

市政由都市貴族營運掌握

十一世紀以降，中世紀都市因為取得了領主和國王特許狀而得以自治，而自治體制之得以成形，卡洛林王朝法蘭克王國查理大帝（p.12）設置的參審員（判決發現人）可謂扮演著非常重要的角色。

參審員是從重要的自由農民當中遴選擔任，他們在中世紀莊園裡定期主持司法審判集會，並逐漸形成世襲制。都市開始成形的時候，同樣也是由熟諳習慣法的世襲參審員繼續擔任都市領主的行政官員、主掌司法審判機構，後來又有富商、地主等有錢有勢的市民也加入了參審員的行列。

不光是司法，後來這個參審員的合議體制還進一步發展成兼行徵稅、維持治安等行政機能的自治體核心組織。

歐洲西北部德意志一帶是由參審員組成市參事會作為市政機關，義大利北部則是以執政官為核心進行市政運作。

☆選舉權與不斷增加的都市人口

參事會員和執政官大多都是從定居都市、屬於上層階級的騎士或富商巨賈等所謂「都市貴族」當中遴選擔任，而參政權也僅限於富裕的知識份子、工商業公會正式會員，以及擁有土地房產的市民等人。佔都市居民大多數的一般工商業者、基層官員、僕從和學徒等人，起初並沒有選舉權。

除此以外，都市裡不但有從農村流入的隸農、傭兵、娼妓、乞丐等邊緣居民，更有按規定必須跟都市居民隔絕的外國商人甚至受到各種差別待遇的猶太人。脫離農村流入都市的隸農在經過一定期間以後（通常是一年又一天）就可以擺脫隸農身分，從此成為自由民。據說德國有句諺語說「都市的空氣使人自由」便是來自這個規則，種種因素使得都市人口向來都是有增無減。

☆法國畫家喬治‧拉勒曼作品《巴黎市的商人總督與參審員》（1611 年）。

←☆德國畫家、版畫家漢斯‧米利希於 1536 年筆下德國南部雷根斯堡的參事會一景。

中世紀的商人

以遠地貿易以及金融業崛起繁榮的商人

　　商人可以說是中世紀歐洲的主角。各地都市充斥著無數的小店舖，還經常有行商來到市場試著要做成生意；在這些眾多商人當中最重要的，當屬從事遠地貿易的貿易商。

　　歐洲在十一世紀的時候，首先是重型有輪犁（p.77）與三圃制農法（p.77）愈見普及，其次來自北方的諾曼人侵略趨於緩和，再加上南方原先阻礙地中海貿易的伊斯蘭教勢力衰退，因此迎來了一段和平安定的時代。首先在南方的地中海一帶，義大利北部各都市受到十字軍東征（p.158）觸發而展開東方貿易，從此做起胡椒等香料、絲綢、波斯地毯和寶石等高級奢侈品的買賣。另一方面在北方的北海和波羅的海沿岸，各都市的卻是以羊毛紡織、海鮮海產、木材礦石、鹽、獸毛獸皮等日用品交易最為活潑。

★1481年熱那亞的港口風景。山丘直逼海岸的特殊地形，直叫人連想到神戶。熱那亞港幾乎恰恰落在米蘭的正南方，是義大利北部都市國家面對大海的玄關門戶，興盛繁榮。

✿ 據點間的相互貿易往來

隨著南北這兩個貿易圈之間的交易（p.115）愈發活潑，遂有商人組織商隊巡迴各個都市。位於法國香檳區的大集（p.114）除南北兩個貿易圈的產物以外，更有法蘭德斯地區的羊毛紡織品、法國產葡萄酒等商品匯聚於此，整個十二～十三世紀可謂是紅紅火火。

十三世紀後期義大利北部各都市派出槳帆船展開大量海上運輸以後，香檳原有的「歐洲西北最大國際商業都市」地位也逐漸向法蘭德斯地區的布呂赫（今比利時的布魯日）移動。大約在相同時期，商人開始提供包含換匯在內的遠距交易和資金借貸等銀行業務，並且紛紛來到布呂赫設立分行，布呂赫才得以在日後發展成為國際金融中心。

銀行家又到巴黎、倫敦和北義大利各個都市設立分行，構築起龐大的金融商業情報網，發展形成巨大的金融資本。

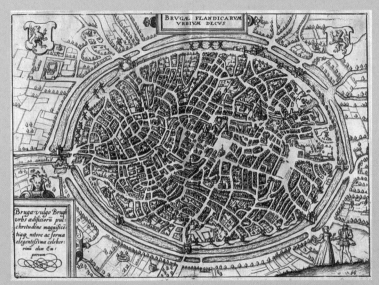

★十七世紀初繪製的布呂赫地圖。現在的布魯日仍留有不少當時的痕跡。整個都市有四通八達的運河網，故有「北方威尼斯」之稱。從前圍繞布呂赫街道的濠溝旁設有城牆，如今都已經拆除不復存在。

✿ 猶太人與金融業

從前中世紀的天主教會批判商業和金融業，說是累積財富有礙自我靈魂的救贖，十三世紀前半的羅馬教宗格列高利九世更是曾經頒布禁止收取利息的「徵利禁止令」。

提供資金貸予領主諸侯和富商的銀行家們，遂改以還款逾期收取的「罰款」和表達謝意的「贈與金」名目來取得融資利息，以迴避徵利禁止令的政令限制。

有別於前述的大額融資，猶太人向庶民發放小額融資就毋須受到徵利禁止令規範；羅馬教宗的所謂威嚴對猶太人根本沒有任何效果，再說長期飽受歧視的猶太人能夠選擇的職業本來就有限，因此對他們來說高利貸是個很重要的工作，然後猶太人又因為累積鉅富而再度惹得基督教徒眼紅，屢屢遭到流放驅逐之類的迫害。

中世紀的通貨與貨幣價值

查理大帝整合的中世紀貨幣系統

　　中世紀歐洲原本採取以物易物的交易方式，直到法蘭克王國查理大帝（p.12）時代才開始導入貨幣制度。查理大帝沿續父王丕平三世（小丕平）的貨幣改革政策，決定援用從前古羅馬時代使用的「第納里烏斯」貨幣制度，設定了 1 里弗爾 = 20 索利都斯 = 240 第納里烏斯的銀本位貨幣體系。

　　里弗爾也是個重量單位，第納里烏斯便是使用 1 里弗爾重 = 約 460g 純銀製作成 240 枚的硬幣。雖然這些貨幣後來隨著法蘭克王國的分裂而有不同稱呼，不過歐洲直到十八世紀為止仍大致蹈襲這種以固定重量的銀為基準，再將其分成 20 分之一和 240 分之一的貨幣體系。十九世紀歐洲人在美洲發現了大量的銀、使得銀價大跌，世界金融才跟著從銀本位制切換到金本位制。

★中世紀歐洲使用的銀幣。儘管刻印種類不同，價值卻是相等的。這是因為當時乃採銀本位制，銀的含有量便是貨幣價值的保證。

✵銀幣價值太高並不好用

其實自從法蘭克王國以來,唯獨第納里烏斯有被實際鑄造,其餘里弗爾和索利都斯都只不過是帳簿上的幾個記帳單位而已。法蘭克王國分裂以後,各國仍然只鑄造最低面額的貨幣使用,在工商業尚未發達、貨幣經濟進一步發展以前,就連這個最低面額的硬幣也是價值過高,不適合日常使用。於是乎,據說在英格蘭1279年開始鑄造半便士銀幣和法新銀幣(四分之一便士)以前,人們一般都是把一便士的銀幣切成二分之一或四分之一來使用。

儘管查理大帝將貨幣鑄造權收歸國王獨佔,

但他死後過沒多久各地領主和教會就已經紛紛開始鑄造錢幣。商業活絡的十二~十三世紀,光是法蘭克西王國的但尼爾幣就有「巴黎貨幣」和「圖爾貨幣」等不同價值的貨幣發行,以至換匯商人在香檳集市(p.114)等國際市場中佔有不可或缺的極重要地位。貨幣鑄造亂象紛呈的同時,而白銀的供給量又追不上商業活動的蓬勃發達,使得各種貨幣中的銀含有量愈來愈少、物價上昇。為此歐洲先是導入金幣銀幣併用的金銀雙本位制,其後又把但尼爾幣等錢幣改為銅幣。

【各國貨幣體制及稱呼】

法蘭克王國	1 里弗爾	=	20 索利都斯	=	240 第納里烏斯
法蘭西	1 里弗爾	=	20 蘇	=	240 但尼爾
義大利	1 里拉	=	20 索爾多	=	240 德納羅
英格蘭	1 英鎊	=	20 先令	=	240 便士
德意志	1 磅	=	20 先令	=	240 芬尼

✵中世紀歐洲的貨幣價值

中世紀歐洲貨幣的價值會因為不同時代或地區有相當大的差距,是故難以直接跟現代貨幣比較,好在當時留下了許多關於建築物建設費用和勞動者日薪之類的資料,有助我們比較瞭解貨幣的價值。英格蘭十三世紀末一名見習勞工的日薪為1.5便士,至十四世紀便已翻倍來到3便士,這是因為黑死病(鼠疫)造成人口銳減,薪資反映勞動市場勞力不足之狀況而有大幅增長。

【貨幣價值參考水準】

造形簡樸的石頭城堡建設費	約 400 英鎊(9 萬 6000 便士)十二世紀後半英格蘭
倫敦塔的建設費	4019 英鎊(96 萬 4560 便士)十二世紀後半英格蘭
裝卸工的日薪	4 便士 十三世紀英格蘭
城堡警備騎士的日薪	2 先令(24 便士)十三世紀英格蘭
石弓兵的日薪	3.5 便士 十三世紀英格蘭
石匠的週薪	24 ~ 30 但尼爾 十三世紀中期香檳區
養胖的公雞	6 但尼爾 1250 年特魯瓦
兔子	5 但尼爾 1250 年特魯瓦
鹽巴 5 磅	2 但尼爾 1250 年特魯瓦
胡椒 1 盎斯	4 但尼爾 1250 年特魯瓦
見習勞工的日薪	1.5 便士 十三世紀英格蘭
師傅的日薪	3 便士 十三世紀英格蘭
見習勞工的日薪	3 便士 十四世紀末英格蘭
師傅的日薪	5 便士 十四世紀末英格蘭

中世紀的集市

連接南北貿易區的大集

　　都市和部分農村也會舉辦的集市，是中世紀歐洲商品流通的中心。有每日營業的集市，有每週舉辦的週市，還有每年舉辦數次的年市等，其中最著名的當屬十二～十三世紀盛極一時的香檳集市。香檳區是連接地中海貿易圈與北海波羅的海沿岸貿易圈的中繼點，一月在拉尼、三月在奧布河畔巴爾、五月在普羅萬北部、七月是特魯瓦的夏集、九月在普羅萬南部、十一月是特魯瓦的冬集，每年在四個都市舉辦總共六次大集市。每次集市為期約 40 ～ 50 天，也就是說在香檳區這裡姑且不論辦在哪裡，每天都有集市。香檳集市在當地領主香檳伯爵的保護下召開，並且由貴族和平民共同選舉監督官負責監督，確保集市交易公正無虞。

★ 彼得・布勒哲爾所繪十六世紀後半的集市。

☆隨著時代遷徙移動的國際集市

除都市周邊街道治安、減免通行稅、設置專門住宿等配套措施以外，遠地貿易商人還可以得到香檳伯爵發給「安全通行狀」，一切的一切都是要讓商人能夠安心做買賣。集市不但吸引許多遠地貿易商人，更是吸引鄰近都市的商店店主和行商人、周邊農村的農民、賣吃食的攤販、表演雜技的街頭藝人、娼妓和乞丐全都聚攏在一起的一大盛事。

香檳集市使用的標準貨幣是普羅萬的但尼爾幣，不過人們都是拿著各地鑄造的不同錢幣來趕集，所以像義大利人、猶太人、來自南法卡奧爾商人的這些換匯商人就顯得非常重要。其中義大利人更是在香檳區這裡擴張信用交易和融資等業務，逐漸發展形成銀行家。

進入十四世紀以後，國際集市逐漸轉移至法蘭德斯地區的布呂赫（布魯日），甚至中世紀後期連法蘭克福也開始舉辦大集市。

☆十九世紀史書所繪十三世紀香檳集市一景。

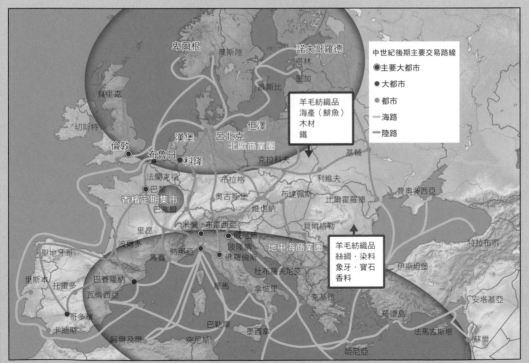

中世紀後期主要交易路線
- ◉ 主要大都市
- ● 大都市
- ● 都市
- ── 海路
- ── 陸路

羊毛紡織品
海產（鯡魚）
木材
鐵

羊毛紡織品
絲綢・染料
象牙・寶石
香料

☆ 歐洲主要都市因貿易活動而愈具規模。

中世紀的衣服

丘尼卡套頭衣是中世紀歐洲人的基本穿著

　　中世紀歐洲人的穿著固然因地區時代而多有不同，其豪華程度畢竟還是大致與經濟狀況成正比。穿得最樸素的便是農民，基本穿的都是適合幹農活的麻布材質或羊毛材質的丘尼卡，婚喪喜慶等重要場合穿的唯一一件好衣服還往往是要繼承長輩的舊衣服來穿、代代傳承。

　　都市居民穿得就比農民豪華，不過為區別庶民和貴族階級，領主或國王有時也會對庶民的豪奢服飾有所規範。再加上當時天主教會認為累積財富是種罪惡，因此即便富商巨賈也會避免穿著過度奢華的服裝。

　　至於王公貴族的服裝，則是可以使用都市居民禁用的貂皮、松鼠毛皮或是絲絹、羅紗等高級素材。當然，時代流行的變化也是相當地大。

FRENCH. 34. 1100.

1. 2. Peasants. 3. Man of rank. 4. 5. 6. 7. Ladies of rank. 8. Warrior. 9. Pilgrim. 10. Queen. 11. King. 12. Costume of the people. 13. 14. 15. Knights.

←★中世紀倫敦的裁縫店。十四世紀的都市居民普遍都穿著名為「Kirtle」和「Cotte」的上衣，流行使用大量鈕扣。

★ 1882 年出版的《Costumes of All Nations》插畫。圖為 1100 年前後法國的服飾，上圖從左往右依序是兩名農民、貴族男性、四名貴族女性、戰士和巡禮者，下圖從左往右依序是女王、國王、庶民和三名騎士。

中世紀的工匠

以繼承父兄職業為主流

手工業可以大致分成幾種，有些是裁縫師和皮匠這種從農村裡分工出來形成的職業，有些則像是製作馬蹄鐵的鐵匠和蓋房子的木匠這種專為服務領主和聖職者需要而形成的職業。無論哪一種，這些手工業者最後終究還是會聚集來到擁有大型集市的都市，跟商人一同成為都市的主要居民。

每項手工業基本上都是由師傅、工匠和學徒所組成，學徒可以在師傅家中得到食衣住三方面的照顧，並接受以實際工作為中心的職訓教育，但是並不支薪。經過大約七～十年的學徒時期，就可以成為由師傅支薪的工匠。麵包師傅的兒子大概會去做麵包學徒，金飾師傅的兒子做金飾學徒，各種手工業師傅的第二代通常都會選擇繼承父親的職業。

☆ 逐漸演變成為世襲的出師權

不過第二代其實鮮少會在自己的父親底下做學徒，通常都是由父親轉介認識的同業者拜師，在那裡精進技術以求晉昇工匠。結束學徒期成為工匠者，就要繼續精進以求晉昇師傅。要獲得晉昇師傅的出師權，必須先經過清一色由師傅組成的同業公會確認其人的工作品質無虞，必須獲得眾師傅的認證。

然則自從黑死病（鼠疫）流行以後，歐洲人口銳減、需求消退導致出師權難以擴張，漸漸地許多工匠選擇離開授業師傅回到自家，從父親手中世襲繼承師傅的身分。

中世紀歐洲都市有羊毛織匠、絲織匠、鐵匠、木匠、皮匠、麵包師傅、肉販、旅宿等算是最具代表性的手工業，其中羊毛紡織業和建築業又視作業程序而進一步細分成更多職種，以致十三世紀在巴黎就已經有多達三百種以上的手工業。

☆十四世紀初鐵匠工作的情況。

☆十六世紀版畫中的理髮師。

☆ 共濟會的分會

大多數手工業者是定居在固定都市，卻也有些輾轉於各地的流動性工匠，石匠就是最具代表性的流動性工匠。石匠都是在城堡、大教堂等建築現場工作，一旦工程完成以後就要移動到下一個工地去。他們會在各個建築現場附近設置一種名叫「Lodge」（臨時住宿處）的據點，作為供人住宿或存放道具的場所。誰能料到由這些石匠組成的公會經過發展以後，竟然演變形成日後推動世界進程的重要祕密結社共濟會。共濟會作為提倡友愛之團體目前仍在活動當中，其地區組織和據點喚作「分會（Lodge）」（大規模據點叫作大分會），便是從前流動性工匠時代的遺俗。

←☆染布匠（十五世紀法國）。正在為羊毛織成的布匹染色。當時主要使用動植物製作染料，圖中這種紅就是輾碎介殼蟲取得的顏色。

☆ 肢解豬隻的肉販。女性正在回收豬血，豬血是製作香腸的原料。

同業公會的成立

商人公會、同業公會和工匠公會的誕生

隨著都市的漸漸發展，由同業者組成的組織公會也隨之誕生。首先出現的是商人公會，據說史上第一個商人公會便是於 1020 年前後出現在荷蘭中部都市蒂爾。商人公會的主要目的是要避免外來競爭、獨佔商業利益，不過後來卻也隨著時代另外衍生出更多機能，諸如確保會員在都市的權利、生活上的扶持互助、維持都市秩序、出資修繕街道、都市的警備巡邏等。參加商人公會的起初多是從事遠地貿易的商人，後來零售商店店主和手工業者也才跟著加入。不過進入十三世紀以後，手工業者又另外組成了獨立的同業公會（手工業公會），從整合商品價格、品質管理，到規定勞動時間、工匠和學徒人數甚至學徒的修行制度等，針對手工業的方方面面制定了各種規則。

★ 捷克手抄本所繪公會紋章，每個紋章畫的都是各個職業使用的道具。

☆力量足以左右政治的公會

都市的自治權同樣也在擴張，可是比市政建立得更早的商人公會卻已經遭到大商人壟斷。於是德國和荷蘭遂於十三世紀末至十四世紀間組織行會（德國的同業公會，稱作 Zunft），展開史稱行會鬥爭的參與市政運動，不久果然在奧古斯堡等幾個都市便有行會成功打進了市政的運作。時至中世紀晚期，又有各種職業工匠為反抗師傅的特權地位而組成了工匠公會。

☆不斷細分化的公會

拿馬具製造業來說，又可以進一步細分成韁繩匠、馬蹬匠、皮繩匠等，其實職業公會的數量是會隨著時代而異的，1268 年巴黎編纂的《同業公會規約集》就記載 101 個職業公會的規章。各個公會除了有代表其職業的象徵符號和印記以外，不同職業還各有其代表的主保聖人，公會成員會一同慶祝該聖人節日來加深集體意識。大部分公會均是由清一色男性會員組成，不過巴黎和科隆倒也有織布工匠和製作金帽子的工匠公會反而是全數由女性會員組成。

☆十三世紀巴黎的紡織女匠。當時巴黎的絲織產業受到女性獨佔壟斷，因此絲織產業的公會成員清一色由女性組成也是理所當然。

☆ 鍛造技術者公會的符號（德國）。

☆十五世紀前期法蘭德斯畫家羅伯特‧康平所繪《麥洛德祭壇畫》（局部）。聖母馬利亞的丈夫聖若瑟是個木匠，受後世奉為木匠的主保聖人，也因此經常成為繪畫的主題。

中世紀的交通

連接都市的街道與水上交通

◆◆◆

　　中世紀初期的交通仍以陸路最為重要。主要道路雖然也會沿用古羅馬時代留下來的道路，只不過羅馬街道通常都是直線連接各地的軍事據點，因此對商人之類要巡迴各個都市或農村的人來說其實並不方便。也因為這個緣故，有些街道愈趨荒廢，有些街道雖然仍在使用中但路面石磚已經損壞，後來也只是撒上碎石子鋪面變得凹凹凸凸。雖說如此，重要街道還是會由領主或國王負責整備維持，並徵收通行稅作為維持費用。至於連接周邊農村的道路，甚至通往耕地、通往教會的小路則是歸農村管理。再說到移動方法則是以徒步行走為主流，唯搬運貨物時才會使用騾馬驢子等馱獸。只有貴族富商會騎馬移動，騎馬的一日平均移動距離落在 30 ～ 50 公里之間。

★ 從前漢薩同盟下的都市維斯比，如今還留有當初戍守市區的防禦城牆和通往市內道路的遺跡（瑞典）。

✵ 組織旅團結伴同行

即便走在主要街道上，難免也會在森林層層環繞之類的地方遭遇盜賊或野狼襲擊，因此當時經常要結伴同行，又或是跟著武裝的商隊一起走。不光如此，氣象條件造成的土石流、路旁樹木傾倒阻路等狀況也並不罕見，當時的交通移動可謂是經常伴隨著重重困難。

✵十二世紀英格蘭修道士伍斯特的約翰筆下的浩克帆船。

✵ 水上交通令貿易活動變得愈發活絡

另一方面，水上交通則是從十二世紀開始趨於發達，由於水路運輸量能大於陸路，各地的貿易活動也隨之變得愈發活潑。波羅的海貿易用的是比較不懼風浪的小型帆船柯克船，至於運河和河流等內陸水運使用的則是傳為卡拉維爾帆船原型的浩克帆船等船隻。往南去到地中海，則是以即便風動較少仍能穩定航行的多槳槳帆船為主力。十三世紀後半葉，自從義大利各都市商人駕著這槳帆船迂迴繞過伊比利半島、打通前往法蘭德斯的海洋貿易通路以來，商業貿易活動就變得愈發活潑熱絡起來。

✵十五世紀威尼斯的槳帆船。划槳手不但有薪水可以拿，還能自己做點小規模貿易賺點外快，是當時的熱門職業。

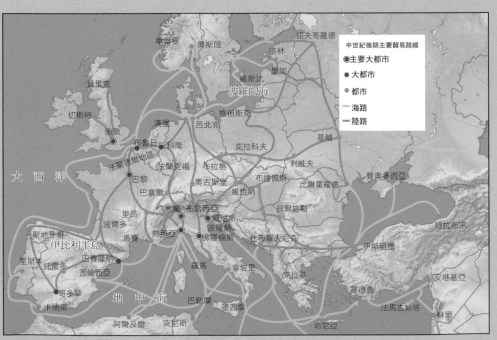

中世紀後期主要貿易路線
◉ 主要大都市
● 大都市
● 都市
— 海路
— 陸路

卑爾根　奧斯陸　諾夫哥羅德
塔林
里加
維斯比
波羅的海
貝里克
格但斯克
基輔
切斯特
漢堡
呂北克
倫敦
布魯日　科隆
克拉科夫
法蘭德斯地區　法蘭克福　布拉格
利維夫
大西洋
巴黎　奧古斯堡　布達佩斯　費奧多西亞
巴塞爾　維也納　比爾霍羅德
里昂
米蘭　布雷西亞　貝爾格勒
波爾多　威尼斯
聖地牙哥　馬賽　熱那亞　波隆那　杜布羅夫尼克　特拉布宗
伊比利半島　佛羅倫斯
里斯本　托雷多　田賓隆納　伊斯坦堡
瓦倫西亞　羅馬　拿坡里　克拉基　安塔基亞
哥多華　巴勒摩　羅德島　法馬古斯塔
卡迪斯　地中海　墨西拿　蘇爾
阿爾及爾　突尼斯　哈尼亞

中世紀的情報傳達

中世紀肉販兼郵差

　　中國發明的紙張直到十三世紀後半期以後才真正傳到歐洲，此前使用的都是昂貴的羊皮紙。所以一旦想要向遠方的人傳達訊息的時候，多半只能委託商人、流浪藝人、流動工匠和巡禮者等旅行者幫忙捎口信。其次，都市和農村的居民每逢有旅行者來訪時大致也會興致勃勃地追問其人在什麼地方有什麼見聞，從而得知遠方發生了什麼事件或是紛爭。都市在廣場等地不時會有托缽修道士（p.149）公開講道，有時候也可以提供不少時事相關資訊。

　　另一方面，王公貴族、高階聖職者、都市巨商或者大學等擁有豐富財力的個人或組織，有時候也會雇用傳令（信使）替自己遞送羊皮紙製成的信件。

★ 羊皮紙是取羊皮脫脂以後，再將羊皮拉成厚度平均的薄紙製成，摸起來觸感倒像是紙而不像獸皮。

☆雇用傳令的高速通信

當權者雇用的傳令無論是接受教會祝聖^(註)抑或接受國王保護，通常都有受到某種保障，即便如此漫漫旅途中依舊是危機四伏，所以他們經常會配備長槍、劍、石弓等武裝。此外，派遣到國外的傳令還須肩負蒐集當地情報的任務，通曉多種語言會比較適任，有時候為傳送機密文件甚至還要化裝成巡禮者的模樣把祕件夾帶在衣服或長靴裡，有祕密特工的一面。傳令一般都是騎馬移動，一旦跑起來馬匹比人類更容易疲勞而且恢復得慢，一天的平均移動距離大概是 20～30 英哩（32～48 公里），而尤其分秒必爭的金融業等雇主還會特別雇用一天最多能跑 55 英哩（88 公里）的飛毛腿。

十四世紀製紙業發達以後，庶民也可以寄信了。當時普遍是由商人等旅行者來完成郵差的任務，尤其肉販兼任郵差的比例更是特別高，因為肉販必須把容易腐敗的生肉趁早送到客人手中，本來就備有好馬好車。

註：祝聖：基督教為某些神聖用途，會藉由儀式來潔淨人或物，以與普通世俗的用途區別。

☆中世紀的傳令。以長槍武裝防備盜賊襲擊。

☆十五世紀前半活躍於義大利西恩納等地的神學家聖伯爾納定。修道士在廣場說道時經常會添加諸如奇蹟、案件和紛爭等與時事相關的內容，向眾人傳達散播來自遠方的資訊。

中世紀的災害

自然災害是上帝的怒火

◆◆◆

　　中世紀歐洲人當然也經歷過地震、暴風雨和洪水等非人力所能抗衡的力量，他們認為這些自然災害乃是上帝的怒火。修道士說道集等文獻就曾經記錄到許多把發生在教會附近的落雷、山崩加入公開講道活動的案例，而一旦真正遭遇到這些自然災害的時候，教會和修道院不但要提供救濟設施收容保護失去家園的災民，還要鼓勵催促災民向上帝祈禱、安撫混亂浮動的人心。

　　檢視真實發生過的大規模災害可以發現，歐洲整體而言遠離大陸板塊交界處，除義大利和多佛海峽以外幾乎不曾發生過大地震。另一方面，北海沿岸地區卻是有冰島低氣壓引起冬季暴風雨、帶來大潮造成多次洪水氾濫。

★描繪聖伊麗莎白的大洪水（1421年）當時災情的繪畫。

✦ 造成嚴重傷亡的洪水和疫病

荷蘭 亦稱低地之國（尼德蘭），洪水氾濫特別頻仍，1953 年便曾有冬季暴風雨引發洪水造成超過 1800 人死亡的大潮災情。歐洲自古至今就數中世紀受災最重，每每有死亡人數上萬的洪災相繼而來；1170 年萬聖節（11 月 1 日）洪水把淡水湖腓拉沃湖變成了鹹水湖須德海，1287 年聖露西亞節（12 月 13 日）的洪水又把天然堤防沖到決堤，使得須德海變成了連通北海的海灣，意外促使位於須德海最深處的阿姆斯特丹發展成為當時的貿易中心。

氣候變遷造成的飢荒同樣使人苦不堪言。尤其是寒冷化的十四世紀小冰河期以後，儘管各地多少有些差異，不過歐洲整體而言基本上每五～六年就要爆發一次飢荒。再者，都市裡木造住宅密集、火災發生頻繁，每每都要吞噬無數房屋和人命。至於中世紀歐洲奪走最多人命的始終還是疫病，尤其是黑死病（鼠疫）。

【十一～十六世紀西歐發生的自然災害】

1091 年	倫敦龍捲風。造成超過 600 間的房屋和教會崩塌。
1117 年	維洛納地震。震源位於義大利北部，多達三萬人犧牲。
1169 年	西西里島地震。一說埃特納火山同時爆發，一萬五千～兩萬五千人犧牲。
1170 年	萬聖節洪水。北海漲潮造成現在的荷蘭北部大面積蒙災。北海和波羅的海沿岸曾經在萬聖節（11 月 1 日）前後發生過好幾次水災。
1185 年	東密德蘭地震。震源位於不列顛島中央，造成林肯座堂等建物倒塌。
1219 年	格勒諾布爾洪水。羅曼什溪谷的天然堤防決堤，使法國東南部的格勒諾布爾平原受到水患波及。
1258 年	大飢荒。據說起因於前年印尼龍目島的火山大爆發，僅倫敦便造成一萬五千人死亡。
1275 年	不列顛島地震，造成許多教會倒塌崩壞。
1287 年	聖露西亞節洪水。北海等地暴風雨侵襲，荷蘭、德國北部和英國等地均有決堤造成五萬～八萬人死亡。
1315 年	歐洲大飢荒。1315～1317 年間歐洲各地均發生大規模飢荒，使得許多都市折損 10～25% 的人口。
1342 年	聖抹大拉馬利亞的洪水。聖抹大拉馬利亞日（7 月 22 日）前後發生的暴風雨，造成德國和義大利北部等歐洲中部地區遭受大面積洪水肆虐。
1343 年	拿坡里海嘯。據說是地中海斯通波利島的山體崩塌牽動海底土石滑落進而引起海嘯。
1348 年	弗留利地震。震源位於南阿爾卑斯弗留利地區的地震。伴隨大規模崩塌，造成重大傷亡。
1349 年	亞平寧地震。9 月 9 日義大利中部亞平寧山脈附近發生地震。翌 10 日仍有多起餘震，也造成許多災情。
1356 年	巴塞爾地震。地震源自瑞士北部，傳出許多災情。
1362 年	聖瑪策祿洪水。北海強風造成不列顛島與丹麥至少兩萬五千人犧牲。
1382 年	多佛海峽地震。英格蘭東南部和法國西北部等地災情慘重。
1421 年	聖伊麗莎白洪水。聖伊麗莎白日（11 月 19 日）前後發生暴風雨引發大潮殃及荷蘭和法國北部。相同地區在 1375 年和 1404 年的約莫相同時期也都曾有洪水發生。
1428 年	加泰隆尼亞地震。二月第一次地震以來的一年間陸續有多起地震發生，不但造成許多教會倒塌，甚至還有村落被夷為平地。
1461 年	拉奎拉地震。震源位於義大利中部，造成多間教會崩塌。
1511 年	伊德里亞地震。震源位於現在的斯洛維尼亞西部，推估死者達一萬數千人。
1570 年	費拉拉地震。震源位於義大利北部的費拉拉，餘震牽延達四年之久，造成費拉拉半數房屋崩壞。
1580 年	多佛海峽地震。英國西敏寺和法國的里爾主教座島均傳出災情。多佛海峽另外在 1382 年和 1776 年、1950 年也都曾發生地震

黑死病

重創十四世紀歐洲的黑死病大流行

◆◆◆

　　對醫學仍不發達的中世紀歐洲來說，肉眼看不見的疫病才是最最恐怖的敵人。雖說造成容貌嚴重變形的痲瘋、天花最讓人驚駭，但隨著十四世紀氣候寒冷化飢荒頻發，人們因為吃了麥角菌寄生的小麥裸麥，導致麥角中毒曾經一度流行。歐洲本就因為這些疾病使得人口緩慢減少，但真正使人們徹底墜入恐怖深淵的，便是史稱黑死病的鼠疫大流行。

　　鼠疫乃 1330 年代起於中亞（一說起於中國），1347 年抵達黑海的克里米亞半島，同年就乘著熱那亞的貿易船隻來到了義大利。隔年 1348 年擴散到倫敦和布呂赫（布魯日），1350 年之前便已經到達了波羅的海地區。

★ 重現鼠疫醫師。狀似鳥喙的面罩裡藏有大量香料，據說他們認為香料能夠防止鼠疫，但其實此舉並無效果，而當時人們對此似乎也相當質疑，對鼠疫醫師避之唯恐不及。

☆三分之一人口死亡

當時固然有部分屬於肺鼠疫症狀，不過流行為害最烈的仍是腺鼠疫，佛羅倫斯詩人薄伽丘就曾經記載到「疾病初徵是大腿根部或腋下發生腫瘤，有的跟普通蘋果一般大，有的則是雞蛋那麼大」。感染途徑首先是以老鼠和黑鼠所帶跳蚤為媒介，另外據說也有空氣感染。死亡率各地不一，據說總共造成整個歐洲大約三分之一的人口死亡，人數高達兩千五百萬人。其後鼠疫仍有斷斷續續的流行，直到1500年前後歐洲才終於恢復到1300年當時的人口水準。

人口銳減、勞動力不足使得農民地位獲得提升，擺脫隸農身分成為自由農民的人也隨之增加。原先由領主統治管理的傳統莊園開始經營不善，佃農制愈發普遍。另一方面，都市勞動者的薪資固然也有上升，但由於物價高漲，所以人們的實質所得其實並無明顯增長。諸多原因促使終末思想興起，以致有骸骨模樣的亡者牽著活人跳舞、以所謂「死亡之舞」為主題的藝術問世。

☆1424年書籍的插畫，書中畫到各種不同階層的人物跟骷髏頭跳舞的模樣。

☆薄伽丘《十日談》（1348～1353年）的插畫。《十日談》這部故事集是說有十名男女疏散到郊外躲避鼠疫、為打發時間才講起了故事。圖畫左邊畫到埋葬大量遺體的場景。

【黑死病（鼠疫）在歐洲的傳播途徑】

1353　1348
1352
1351　　　1347
1350
1349　　　1346
無記錄的地區
1348　　　　　　1347　來自中亞？
1347
1349　　　　　　1348 1349

中世紀的醫術

危險的民間醫療橫行的年代

基督教在中世紀儼然已經成為歐洲在物質和心靈兩個層面的核心思想，而醫學同樣也因為教會得到很大發展。例如義大利中部的本篤會卡西諾山修道院便以其創始者聖本篤之遺訓而特別重視看病與醫療，除多方蒐集醫學書籍以外，還致力於設立藥草園等活動。

同樣地，在七世紀設立了本篤會修道院的義大利南部城市薩萊諾，先是大量翻譯古希臘希波克拉底和古羅馬蓋倫等拜占庭帝國和伊斯蘭文化圈古典古代醫學者的著作，後來又在九世紀設立醫學校，成為吸引許多人前來尋求治療的醫學中心。

十二～十三世紀歐洲各地成立的大學也有設置醫學院，其中波隆納大學、蒙佩利爾大學、巴黎大學、帕多瓦大學更是對醫學發展做出重要貢獻。

此類接受高等教育並獲得學位的醫師專為王公貴族、高級聖職者等當權者提供醫療服務，而面對一般庶民的則是沒有學位的專業醫療人士，即所謂理髮店外科醫和澡堂外科醫之流，其業務除理髮以外還提供放血（將部分血液排放至體外的治療行為）和處理骨折、切割傷等治療；澡堂外科醫除了幫人按摩以外，還會替人放血、治療骨折和整復脫臼。另外還有不少專門幫人拔牙的拔牙師、幫人切斷尿道排除尿道結石的的醫療人員，這些流動專業職能者巡迴於各地的年市市集，並往往會作小丑打扮、一面敲打大鼓一面替人治療，藉以掩蓋患者因劇痛發出的哀號聲。此類醫療事故頻發，可是他們很早就組織公會抵抗，所以一直無法有效地管制規範。

★十四世紀描繪的拔牙一景。拔牙師會把拔下的牙齒串成項鍊或腰帶穿在身上，以這種奇葩裝扮作宣傳在年市等場合招攬生意。

★圖中描繪到一種名為「穿頭」的古希臘治療法（十五世紀後半～十六世紀初。荷蘭）。當時人們相信某些身體病變失衡是頭蓋骨裡面累積的惡靈在作祟，所以要在頭蓋骨上鑽孔排除惡靈。

第 5 章

中世紀的基督教會

天主教與正教會

東西兩個教會互逐出教的教會大分裂

◆◆◆

　　幾經羅馬帝國迫害之後，基督教會終於以 313 年的米蘭敕令獲得官方承認，從此在帝國內外漸步累積增加信徒。381 年帝國首都君士坦丁堡（現在的伊斯坦堡）召開公會議將已經擴張成長的教會分成五個宗主教區，並決定以羅馬教區為首，其下依序是君士坦丁堡、亞歷山卓、安條克和耶路撒冷宗主教區。

　　四世紀末羅馬帝國東西分裂以來，君士坦丁堡成為引領除羅馬以外其餘三者的宗主教區之首，而從此以後隸屬拉丁語文化圈的羅馬教會跟位於希臘語圈的君士坦丁堡交流愈來愈少，關係也愈來愈疏離。

★天主教樞機宏伯特遞交絕罰狀給君士坦丁堡牧首米海爾一世·凱路拉里奧斯的場景。十一世紀後半的繪畫。

☆天主教會的分裂

476年西羅馬帝國滅亡後，失去庇護者的羅馬教會試圖透過提高自身宗教權威來救危圖存，從原先的「五大宗主教區之首」改稱「神在世上的唯一代理人」，最終羅馬主教改為教宗，羅馬教會亦改稱為原意為「普遍的」的「Catholic」（天主教）。此做法因為基督教滲透日耳曼民族而大獲成功，756年法蘭克國王丕平三世（小丕平）將拉溫納地區捐贈為教宗領地，接著800年教宗利奧三世替查理大帝加冕為羅馬皇帝，使得羅馬天主教會得以在名義與實質兩個層面上都擺脫了東羅馬帝國（拜占庭帝國）的宗主權。

後來羅馬教會和君士坦丁教會先是因為兩者典禮形式的歧異，以及兩者對東方破壞聖像運動看法不同等諸多問題產生對立，特別是羅馬教會主張羅馬教宗的決定高於公會議的決定，此即所謂「教宗至上論」，更是造成了雙方的嚴重紛爭。1054年羅馬教宗利奧九世跟君士坦丁堡牧首海爾一世，凱路拉里奧斯互將對方絕罰驅逐出教，使得教會分裂成西方的天主教會和東方的正教會（教會大分裂）。直到大約九百年後，雙方教會才在1965年解除了對彼此的絕罰。

【東西教會分裂始末】

313年	羅馬帝國頒布米蘭敕令承認基督教。
330年	君士坦丁一世從羅馬遷都君士坦丁堡。
381年	君士坦丁公會議劃定五大宗主教區。
395年	皇帝狄奧多西一世駕崩，羅馬帝國東西分裂。
476年	西羅馬帝國滅亡。
495年	教宗哲拉旭一世於羅馬主教會議當中使用「基督代理人」稱號。
622年	穆罕默德於麥地那建立伊斯蘭教國家（伊斯蘭曆元年）。
756年	丕平三世捐贈教宗領地。
800年	教宗利奧三世替查理大帝加冕為羅馬皇帝。
1054年	東西兩個教會互相絕罰，教會大分裂。
1204年	第四次十字軍東征攻陷君士坦丁堡，正教會對天主教會的厭惡已無以復加、關係徹底無法修復。
1965年	教宗保祿六世與牧首發表共同宣言，解除雙方的絕罰處置。

【東西教會大分裂（1054年）以後天主教會與正教會之勢力分布】

☆七世紀以後，由於地中海世界東南大半區域受到伊斯蘭教勢力壓制，使得正教會決意向北方推動傳教擴張。十世紀時基輔大公國弗拉基米爾一世將正教會立為國教，是乃今日烏克蘭正教會和俄羅斯正教會之前身。

教會的組織與職位

以教宗為頂點的階層結構

　　當歐洲因為傳教活動而逐漸獲得教化的同時，羅馬天主教也在同時確立以羅馬教宗為頂點，其下依序為大主教、主教、祭司的金字塔型聖職位階制度（階層結構），連同各地成立的私設教會也都被納入了這個秩序體系之中。

　　各教區（小教區）配置的祭司亦稱神父（新教則稱牧師），除執行祭祀葬禮等儀式以外，也要執行洗禮、告解、聖餐（彌撒）等七種聖事（p.97）。他們直接面對信徒、為信徒帶來心靈的平靜，另一方面卻也徵收「什一稅」。

　　隨著規模擴張和人口增加，教區又另外增設職位諸如輔助祭司的助祭和副助祭、幫忙準備彌撒的襄禮員、教導民眾誦讀祈禱文的讀經員、管理聖堂大門與敲鐘的司門，以及執行洗禮等驅魔儀式的驅魔師。

★描繪第170代羅馬教宗亞歷山大三世的濕壁畫，其中畫到羅馬皇帝腓特烈一世向教宗跪拜。此事使得羅馬教宗的權力最終超越了世俗皇權。

★封建領主化的教會組織

主教（Bishop）管理由數個教區組成的主教區，除了指導轄區底下的祭司以外，自己也要在設有主教座堂的都市執行祭司的工作。至於地位僅次於教宗的大主教則是管轄由數個主教區組成的大主教區，同時他卻也是必須負責自身主教區的一名主教。這些主教和大主教的任命權原屬於統括所有聖職者的教宗，其後敘任權逐漸轉移變成國王皇帝等世俗權力的權限。

十一世紀後期的教宗格列高列七世（p.28）向神聖羅馬皇帝發起爭奪聖職敘任權的鬥爭，

在他死後成功將聖職者敘任權收回教宗手中。天主教會會遴選主教等聖職者，任命他們在教廷裡面擔任輔佐教宗的樞機，而且還有另外一項重要工作：選舉出新教宗的「教宗選舉」。

羅馬教會自十二世紀起就會從樞機當中選出一名任命為總司庫來擔任教宗的秘書長，總司庫要在教宗死亡或退位以後，到決定繼任教宗以前的這段期間擔任教宗職務代理。部分的大主教或有權勢的主教還會接受國王捐贈土地，從此變成經營領地的封建領主。

【中世紀重要的大主教座堂都市】

★所謂大主教座堂都市，定位相當於大主教管轄之下大主教區的首都。大主教執行業務的座位，就設置於主教座堂（大教堂）。

★拉特朗聖若望大殿（義大利羅馬）的主教座位（Cathedra）。

【天主教會的位階制度】

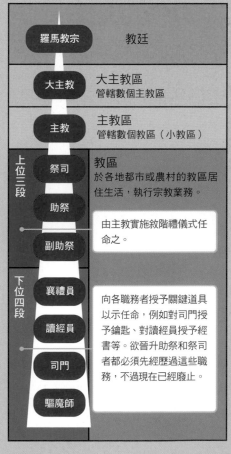

教會的設施

座西朝東建造的聖堂（禮拜堂）

　　中世紀初期因為有地方領主私設教會，最早期的教會設施並無固定形式，直到後來才逐漸趨於一致。其中必備設施包括聖堂（禮拜堂）和主教生活的主教館、菜園和墓地，聖堂內部又可以分成除聖職者以外謝絕進入的聖壇，以及信徒集會的中殿和側廊。

　　聖壇附近設有用來收納祭祀器具、供祭司做準備的祭室，教會還會在入口附近設置供信徒懺悔告解罪行的告解室。聖壇備有祭壇和講道台，後方通常會掛著十字架、基督像、聖母像或聖人像。另外像香爐、聖油瓶、領洗池等也都是聖堂的必備元素。

★蘭斯（法國）的聖母主教座堂，是最能呈現哥德式建築特有尖拱構造的代表性建築。

✮因時而異的教會樣式

重要都市多設有主教座堂等級的大聖堂，其建築形式會隨著時代而變化，例如中世紀初期便是以承襲古希臘羅馬文化的拜占庭樣式為主流，其特徵包括聖堂中央的圓頂、內壁經常飾以馬賽克畫等壁畫，是平面圖呈圓形或正多邊形的集中式構造。十一～十二世紀流行的羅馬樣式建築則是大量使用古羅馬風的半圓拱構造。為了要支撐大量的圓拱，所以羅馬式建築壁面厚重、柱體粗實，相對地窗口卻很小。建築本身也無甚裝飾，整體構造給人非常厚實的感覺。後來又增添耳堂的設計、使鳥瞰平面圖

變成拉丁十字形的所謂巴西利卡樣式構造愈發普遍，而如果地形許可的話，巴西利卡樣式一般傾向將聖壇設置於建築物的東側，據說其用意便是要透過日出東方來呈現耶穌復活之意象。

其後十二～十五世紀則是以哥德樣式為主流。哥德樣式的尖拱構造能夠有效支撐天花板和屋頂的重量，不但能大幅度挑高還能建造高聳的尖塔，帶有許多象徵天堂嚮往的垂直線條。與此同時窗口面積變大、大量使用彩繪玻璃，外牆施有莊嚴肅穆的雕刻。

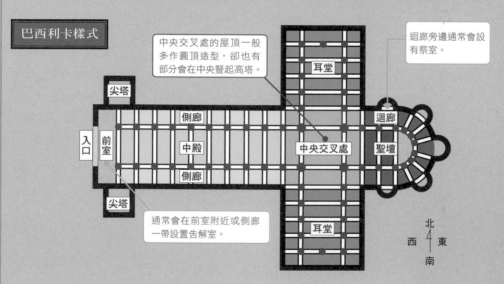

巴西利卡樣式

中央交叉處的屋頂一般多作圓頂造型，卻也有部分會在中央豎起高塔。

迴廊旁邊通常會設有祭室。

尖塔

側廊

耳堂

入口　前室

中殿

側廊

中央交叉處

迴廊

聖壇

尖塔

耳堂

通常會在前室附近或側廊一帶設置告解室。

北
西　東
南

★以比薩斜塔聞名於世的比薩主教座堂是最具代表性的羅馬樣式建築。

★義大利北部拉溫納的聖維塔教堂是拜占庭樣式的代表性教堂建築。內部使用馬賽克畫、濕壁畫裝飾做裝飾是拜占庭樣式建築的一大特色。

中世紀歐洲的世界遺產①主教座堂

建築工期超過一個世紀的主教座堂

　　哥德樣式建築愈發普及的十二～十三世紀，恰恰正是歐洲商業發展、都市向外擴張的時期。也正是在這個時候，都市居民群起捐款給教會建設教堂，要為都市建立令市民引以為傲的地標。許多大主教駐紮的都市往往要花費超過一個世紀的漫長時間來建造主教座堂（大教堂），而留存至今的主教座堂也幾乎都已經被登錄成為世界遺產。

★點亮夜間照明的科隆主教座堂。

主要的世界遺產級主教座堂

現在的建築物始建於 1070 年，1130 年舉行獻堂儀式算是完工，但後續還有數次增建改建，樓高 72m 的高塔則是成於 1503 年。現在是英國國教會的總部。

坎特伯立座堂

自九世紀初代主教座堂以來，夏特主教座堂曾遭逢數度火災，現存建築物是 1194 年火災後花費二十六年於 1220 年完工。整個座堂僅有 1194 年火災後殘餘的入口部分仍保持哥德式 建築樣式。

聖母主教座堂（圖爾奈）

聖瑪利亞主教座堂（希爾德斯海姆）

聖母主教座堂（安特衛普）

科隆主教座堂

特里爾主教座堂

1248 年開始建設，宗教改革期間資金困難使得工程一度中斷，耗費約六百三十二年才終於在 1880 年完成。尖塔高達 157m。

夏特主教座堂

伯爾尼大教堂

羅馬教宗所在的天主教總部。相傳此殿就建在耶穌基督首席弟子聖彼得的墓所之上。現在的建築物是根據拉斐爾和米開朗基羅的設計圖於十七世紀所建。

布爾戈斯主教座堂

聖母百花大教堂（佛羅倫斯）

薩拉曼卡主教座堂

昆卡主教座堂

聖伯多祿大殿（梵蒂岡）

1296 年開始建設，1436 年舉行獻堂儀式宣告完工。不過圓頂的頂端是在 1461 年另外加上了名為圓形天井的構造，才變成現今的這般模樣。

★坎特伯立座堂。

聖職者的生活

隨時代推衍而漸次世俗化

　　中世紀歐洲的身分大致可以分成「工作的人（農民）」、「戰鬥的人（騎士）」和「祈禱的人（聖職者）」三種。聖職者正是要服事上帝、以祈禱為業，換句話說也就是出家人。自從教會的組織成長到足以形成位階制度（p.134）以後，聖職者就要一方面按照自身位階完成份內工作，一方面還要朝更高的位階邁進，長期過著嚴守戒律的修行生活。各個教區主要以七項聖事（p.97）為中心執行職務，其中最重要一項的當屬每週日早晨的聖餐（彌撒）。所謂聖餐就是按照耶穌基督在最後的晚餐當中所說「麵包就是我的肉、酒就是我的血」的說法，為麵包和酒祝聖、獻上祈禱藉以紀念基督死亡與復活的儀式，後來才又陸續添加朗讀聖經、祭司講道等環節，最終演變形成面向上帝並回顧省思自我生活的祈禱儀式。

★十五世紀中期描繪主教為助祭敘階的壁畫。助祭、祭司和主教的祭服當中有披掛在頸部的所謂手帶和聖帶，助祭是從肩頭斜披，而祭司和主教則是要將其垂在胸前。

✲禁慾生活乃是基本

其他日常生活方面，聖職者必須在固定的時間祈禱，基本上一日兩餐（從大齋期到復活節是斷食期，每日只有傍晚一餐），然後跟農民一樣耕種自己的田地。餐飲內容則是麵包搭配蔬菜水果共兩道配菜，飲料喝的則是葡萄酒、啤酒或蜂蜜酒。蛋白質可以從豆類、雞蛋、乳製品和魚類攝取，食用獸肉在當時是禁止的。

但其實當時的聖職者很少能真正嚴守這些戒律，自從接受土地捐贈、立場逐漸與世俗領主同化以來，聖職者便開始慢慢墮落。時至十一世紀前後，便已經有聖職者跟富裕的貴族一樣餐餐大魚大肉，有的打破禁忌娶妻生子，有的甚至還敢買賣聖職。面對聖職者的墮落亂象，羅馬教宗格列高列七世（p.28）推動了史稱格列高列改革的教會改革行動，當時固然獲得了一定的成果，終究卻也沒能阻止教會的繼續世俗化。

✲聖職者的衣服

聖職者必須依其位階穿用不同服裝。以羅馬教宗為頂點，愈往高位服裝打扮就愈莊嚴神聖。

✲十五世紀袖珍畫裡的祭司。頭頂剃光是出家人的標誌。身上穿的套頭衣叫作長白衣，披的斗篷叫作聖禮袍。

✲十五世紀時禱書的插畫。聖餐（彌撒）當中祭司正在為麵包祝聖，助祭則是從旁協助。

✲《Costumes of All Nations》（1882）所繪1200年前後的主教祭服。頭戴菱形的主教冠，身上穿的由內往外依序是長白衣和名為寬袖法衣的套頭衣，然後最外面再披上聖禮袍。至於手上拿著的主教法杖，固然有部分會是十字架形狀，不過多數仍是作形似牧羊人手杖的蕨草形狀，這是因為基督教世界把信徒看作是羔羊，聖職者要做引領信徒的牧羊人。

修道院的設施

以迴廊為核心配置各種設施

◆◆◆

　　基督教各級聖職者當中，主教和祭司這些直接面對信徒執行宗教業務的聖職者喚作在俗聖職者。與其相對的概念，則是斷絕所有塵俗交流、透過嚴格苦行和禁慾生活以使靈魂獲得救贖的修道聖職者，亦稱修道士。修道士（monk）一語源自拉丁語的「獨居者」（monachus）一語，可見最早期的修道士是離群索居獨自一人過著求道生活，但是過不多久就有修道士共同生活的團體誕生，而修道院便是這些修道士共同生活的場域。

　　529 年聖本篤在義大利中部建立的卡西諾山修道院是基督教早期所建最原汁原味的修道院，可惜如今已無法得知當時內部是如何配置。

★現在的聖加侖修道院

★ 迴廊化的生活

其後，820 年前後始有以瑞士聖加侖修道院作為修道院建築基本形式的指南書問世。根據記載，修道院整體設施便是以排列石柱環繞方形中庭所形成的迴廊（cloister）為核心。正如同人們將修道院生活稱作「迴廊化生活（cloistered life）」那般，迴廊對眾修道士來說是閱讀聖經、思索教義的重要場所，非修道士禁止進入。迴廊直接連通到禮拜堂、獨居僧房、食堂、廚房和倉庫，其外側還有客房、修道院附屬學校、修道院長室、菜園、農牧設施、醫護室等。部分修道院會另外設置集會室、謄抄室、輔助修道士的助修士住房等，有些修道院則是會把緊鄰禮拜堂以外的其餘三面都設計成獨居僧房。

修道士的寢室獨居僧房（cell）是許多空間極狹小的細長形房間，十七世紀用顯微鏡觀察軟木而發現細胞的英國人虎克（1635 ～ 1703）便是因為聯想到這個獨居僧房，所以才把細胞命名為 cell 的。

★聖加侖修道院收藏的修道院建築指南書平面圖，據考是 820 年前後製作。這並非聖加侖修道院的平面圖，而是旨在呈現修道院最理想的設計。

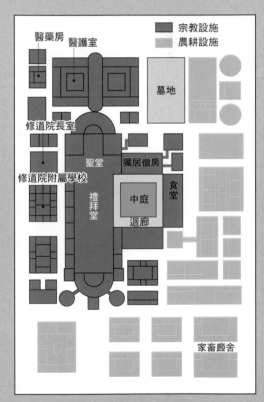

醫藥房　醫護室

宗教設施
農耕設施

墓地

修道院長室

聖堂　　獨居僧房

修道院附屬學校

食堂

中庭

禮拜堂　　迴廊

家畜廄舍

★從平面圖便可以發現修道院分成宗教設施，以及修道士自給自足生活所需的農耕地。修道生活旨在與世隔離，是以當時認為修道院最好能擁有大面積的農耕地。

中世紀歐洲的世界遺產②修道院

歐洲各地保存下來祈禱和勞動的場所

　　聖本篤創設的本篤會和十世紀設立的克呂尼修道院，其做道院均帶有奢華的雕刻裝飾，對後來的法國哥德式建築有很大影響。另一方面，十一世紀法國成立的熙篤會則主張樸實質素的生活環境，他們反對克呂尼修道院的做法，確立了一種將雕飾壓制在最低限度的建築樣式，名曰熙篤會建築。熙篤會建築同樣也在歐洲各地散播開來，如今許多修道院都已經登錄成為世界遺產。

★聖米歇爾山是966年興建的本篤會修道院。幾經火災多次重建增建，至十三世紀已經建成今日的模樣。十四世紀英法百年戰爭當中被作為戰爭要塞使用，法國大革命以後則是作監獄使用。

主要的修道院世界遺產

貝居安修會是為支援女性自立而於十二世紀設立的組織，準確來說它並非修道院而是個半修道會的組織。貝居安修會的女性基本過著共同生活，白天卻可以在城鎮裡工作。中世紀比利時設有許多貝居安修會，其中十三處現在已經共同登錄為世界遺產。

764 年由法蘭克王國貴族建立的私設修道院。765 年教宗保祿一世藉著託管聖納札里烏斯聖遺物的機會將此院增建為本篤會修道院，據說 774 年舉辦獻堂儀式時查理大帝（p.12）也有到場列席。九世紀建造的門樓「王門」如今雖然僅有一小部分遺跡保存下來，卻仍是今人探索羅馬樣式流行以前修道院建築樣式的極珍遺建築物。

法國神學家伯爾納鐸於 1118 年所設，是熙篤會歷史最悠久的修道院。最貼近熙篤會專為祈禱和工作而設的簡素生活環境，是熙篤會建築的代表性建物，內外裝潢既無豪華的紋樣裝飾，也沒有高塔。

🏛 基輔洞窟修道院

🏛 布呂赫（布魯日）的貝居安修會

🏛 洛爾施隱修院

聖米歇爾山修道院

🏛 豐特奈修道會

🏛 恩寵聖母修道院（米蘭）

十五世紀米蘭公爵盧多維科·斯福爾札下令改建恩寵聖母修道院時，曾委託達文西在食堂留下了壁畫《最後的晚餐》，因此揚名世界。

聖若望皇家修道院（托雷多）

王家瓜達露佩聖母修道院

十四～十六世紀間於奇岩群岩頂建設的二十四座希臘正教修道院。其中的大邁泰歐羅修道院（變形修道院）等六個修道院至今仍在使用當中。其實早在九世紀便已有修道士聚集於此，當時他們住在奇岩縫隙中間，過著孤獨的修道生活。

🏛 邁泰奧拉修道院建築群

黑暗教堂（卡帕多奇亞）

🌟邁泰奧拉的大邁泰歐羅修道院，據考究建設於十四世紀中葉。據說十六世紀最鼎盛時期共有超過三百名的修道士在此生活。

🌟豐特奈修道會。沒有一點華麗裝飾的簡樸外觀。

修道士的生活

西歐修道人引為生活準則的聖本篤會規

　　中世紀修道士的生活基本準則，可以歸結於努西亞的本篤（480？～ 547）所說的「祈禱、工作」這一句話。529 年聖本篤在義大利中部建造卡西諾山修道院，制定了史稱「本篤會會規」的修道生活戒律。該會規規定要透過勞動達到修道院的經濟自主，並重視向神獻禱和清貧、貞潔與服從等德性，而服膺這些會規的修道士便喚作本篤派修道會（本篤會）。教宗格列高利一世動員本篤會去向日耳曼人積極傳教固然也有影響，總之結果就是本篤會會規從此以後就成為了西歐社會修道士生活的基本準則，而本篤會會規的具體表現，便包括了名為時課的一天八次祈禱（p.100）以及其他時間的勞動、肉食禁忌等飲食規則（p.141）。

☆從回歸清貧運動到海外傳教活動

除此以外，功德足以助人達致天堂的救濟弱者活動也是修道士的重要工作之一；修道院裡面有個名為療護院的設施，這裡專門接納並照顧病窮老寡，甚至是巡禮者和遭隔離的痲瘋病患者。但自從修道院開始接受土地捐贈、漸漸轉變成類似封建領主的角色之後，修道院就離清貧生活愈來愈遠、開始墮落。

儘管逐漸墮落，教會仍然定期發起杜絕墮落回歸初心的改革運動。

例如十一世紀成立的熙篤會便將森林視為徹底遵守戒律的修道場，於是他們在本篤會歷來的禁慾生活模式基礎下額外添加開墾森林的日常任務，成為大開墾時代的尖兵。十三世紀誕生的托缽修道會（p.149）則是離開修道院，開始在街頭托缽講道。十六世紀設立的耶穌會更是奉行海內外的傳教活動，甚至從羅馬遠渡重洋去到了歐亞大陸極東的島國。

☆以開墾和祈禱為日課的熙篤會修道士。熙篤會積極使用水力（水車）提升農耕效率，並且建立了銷售農畜產品的有效體系。

☆修道士的服裝

一般修道士均作套頭衣搭配連衣帽的修道服打扮，此傳統也延續至今。

☆本篤會常穿黑色修道服，故稱「黑色修道士」。

←☆在西恩納街頭講道的貝爾納迪諾。貝爾納迪諾是十五世紀的方濟各會修道士，擅長街頭講道。

☆十五世紀抄本的插畫。修道士身上穿的是垂於身體前後的聖衣。聖衣起初是作圍裙使用，後來才逐漸成為修道服的一部分受到廣泛採用。

修道會的種類

歷經多次改革所衍生的各種修道會

　　教會和修道會趨於腐敗往往就會造成改革活動、衍生出不同活動形態的新修道會，而當這個修道會再次腐敗就又會有新的改革運動興起，不斷重複這個循環。

　　六世紀設立的本篤會本來就是因為當時教會腐敗、悖離原始基督教傳統，是教會改革運動下的產物。法國東部的本篤會克呂尼修道院設立於十世紀，當時教會和修道院的生活形態已經基本無異於世俗領主，克呂尼修道院便是這波改革運動的中心重鎮，培養出主導十一世紀格列高利改革的教宗格列高利七世（p.28）等人材。格列高利改革之後，教會因為十字軍東征（p.158）的宗教狂熱獲得了凌駕於世俗權力的權威，同時卻也在逐漸腐敗墮落當中。

☆從回歸清貧運動到海外傳教活動

　　1098 年成立的熙篤會主張修行者應當回歸本篤會會規，去到遠離人煙的森林或荒野過著嚴格的禁慾生活。此類在修道院這個世俗禁地執行本篤會提倡之「祈禱、工作」的修道會，便是所謂的「觀想修道會」。

　　當熙篤會也開始大規模開墾信徒捐贈的森林地並且累積財富以後，十三世紀又再度有重視清貧生活、托缽活動以及向民眾傳教的「托缽修道會」問世。義大利的方濟各會和南法的多明我會是托缽修道會的重鎮，他們主要從事街道傳教活動，使得作為共同生活場域的修道院漸步衰退。與此同時，托缽修道會還另外組織了由女子組成的第二修道會。

　　進入近世以後又有專為傳教、教育、服務社會等特定目進行活動的各種修道會問世，此即所謂「活動修道會」；有時候還會將其中專門以看護病人為目的之修道院獨立出來，稱作「看護修道會」。除此以外，還另有聖約翰騎士團、聖殿騎士團、條頓騎士團之類因為十字軍東征而興起的、由騎士階級組成的「騎士修道會」。

觀想修道會
在名為修道院的禁域裡過著以祈禱、工作為主的共同生活。

本篤會（約 529 年創設）
創設者：聖本篤
創設地：卡西諾山（義大利）

克呂尼修道會（909 年創建）
創建者：亞奎丹公爵威廉一世
創設地：勃艮第大區的克呂尼（法國）

熙篤會（1098 年創設）
創設者：莫萊姆的聖羅伯
創設地：勃艮第大區的熙篤（法國）

加爾都西會（1081 年創設）
創設者：科隆的聖布魯諾
創設地：聖皮埃爾 - 德沙特勒斯（法國）

托缽修道會
重視街頭的托缽和傳教活動，也助長推動了十三世紀以後的迫害異端運動。

多明我會（1206 年創設）
創設者：聖多明我
創設地：土魯斯（法國）

方濟各會（約 1209 年創設）
創設者：方濟各
創設地：阿西西（義大利）

奧斯定會（1244 年設立）
創設者：英諾森四世
創設地：義大利中北部

加爾默羅會（約成立於十二世紀末）
創設者：不明
創設地：加爾默羅山（現在的以色列北部）

活動修道會
專為傳教或教育等特定目的而設立的修道會。

耶穌會（1534 年創設）
創設者：依納爵・羅耀拉、方濟・沙勿略等人
創設地：蒙馬特（法國）
目的：向非基督教地區傳教

慈幼會（1859 年創設）
創設者：若望・鮑斯高
創設地：都靈（義大利）
目的：青少年的基督教教育

聖言會（1875 年創設）
創設者：愛諾德・楊森
創設地：施太勒（荷蘭）
目的：向非基督教地區傳教

喇沙會（1684 年創設）
創設者：聖若翰・喇沙
創設地：巴黎
目的：青少年教育

看護修道會
以看護病人和慈善活動為目的之活動修道會。

靈醫會（1582 年創設）
創設者：嘉民・德・雷列斯
創設地：羅馬

上帝聖約翰兄弟醫院修道會（1572 年創設）
創設者：上帝的約翰
創設地：格拉納達（西班牙）

騎士修道會
由十字軍東征的主力騎士階級組成的修道會。

聖約翰騎士團（1113 年受教廷承認）
創設者：普羅旺斯的傑拉德
創設地：耶路撒冷
多次改名為羅德騎士團、馬爾他騎士團，現在的正式名稱則是「羅德與馬爾他之耶路撒冷聖約翰醫院獨立騎士修道會」，以羅馬為總部從事醫療等慈善活動。聖約翰騎士團雖然不像從前那樣擁有領土，但至今仍是跟上百個聯合國成員國擁有邦交的主權國家。

聖殿騎士團（1118 年受教廷承認）
創設者：雨果・德・帕英
創設地：耶路撒冷
為保護聖地巡禮者而設立的騎士團。因承辦金融匯兌業務而盛極一時，直到 1307 年滅於法蘭西國王腓力四世之手。（p.36）

條頓騎士團（1198 年受教廷承認）
創設者：教宗策肋定二世
創設地：耶路撒冷
源於治療德意志巡禮者的醫院，後來轉型成為騎士修道會。十字軍末期從聖地撤回德意志地區，十三世紀因為從事東方殖民活動而獲得廣大領地，後來條頓騎士團的領地也就直接變成了普魯士公國。至於騎士團本身則是從十五世紀起漸趨衰退，現在已經成為在德國和奧地利從事醫療和慈善活動的團體。

←☆修道會之祖聖本篤。聖方濟會榮耀聖母聖殿（威尼斯）收藏的喬瓦尼・貝利尼（1430 ～ 1516）三聯祭壇畫（局部）。

中世紀的聖人

十三世紀興起的聖人信仰風潮

　　宗教經常會將呈現理想信仰方式的人物認定為聖人，作為信徒的模範。天主教會也是如此，曾把許多展現強大信仰的人物、殉教者「封聖」認定為聖人。現在的天主教會都要先經過「可敬者」、「真福者」階段才可以封為聖人，至於可否封聖的調查工作則是由羅馬教廷底下的封聖部負責。調查對象在接受「可敬者」審查時稱作「天主之僕」，然後根據「該者生涯是否有英雄風範」、「行事風格是否符合傳播福音」、「有無向其祈禱而使重症痊可之類的奇蹟發生」等基準來判斷該者當否認定為「可敬者」、「真福者」甚至「聖人」。除特定個人以外也有集體得到封聖的，例如日本就有「日本二十六聖人」、「聖多默‧西與十五名殉教者」被封為聖人。

★十五世紀前半期描繪聖尼古拉將金幣投入貧窮人家的繪畫。四世紀時任小亞細亞主教的聖尼古拉，其實正是聖誕老人的原型。一說聖尼古拉會從煙囪投入金幣，然後掉落掛在暖爐上面烘乾的襪子裡面，所以才衍生出所謂聖誕老人把禮物放進襪子裡的風俗。

✬ 與各種職業產生連結的主保聖人

查封聖人通常是以忌日等相關日期作為記念日和節日，中世紀初期曾經一度發生過一年三百六十五日天天都是聖人記念日的情況，不時還要在同一天慶祝紀念多名聖人。當時會將聖人的生涯寫成聖人傳記藉以表彰信仰，尤其十三世紀多明我會會士雅各・德・佛拉金編纂的《黃金傳說》更是掀起聖人信仰熱潮，各地教會為爭取更多巡禮者（p.152）而搶奪甚至偽造聖人聖遺物的事件便時有所聞。

除此以外，世界各地都有許多例如舊金山（聖方濟各）、聖保羅（聖保羅）、聖彼得堡（聖彼得）等以聖人為名的地名，這便是源自於將聖人視為守護神的主保聖人信仰。更有甚者，也有根據職業演化形成的主保聖人信仰，例如聖母馬利亞的丈夫拿撒勒的若瑟（聖若瑟）是木匠出身，便是因此被奉為木匠的主保聖人，而中世紀歐洲各職業的同業公會（p.120）都要盛大慶祝各自主保聖人的節日，藉以加強同儕意識。

✬十八世紀初法國畫家筆下的聖瓦倫丁。相傳聖瓦倫丁是因為違背羅馬皇帝旨意、私自為戀人執行結婚儀式而遭處死刑，因此受世人奉為戀人的主保聖人，並以其殉教日二月十四日為紀念節日，現在卻因為無法證實其為史實人物而被剔除於主保聖人之列。相信沒有人不知道聖瓦倫丁便是西洋情人節的由來。

【主要的主保聖人】

聖人	守護對象	記念日
托馬斯・阿奎那	學校、學者、學生	1 月 28 日
聖瓦倫丁	戀愛、年輕人、幸福的婚姻	2 月 14 日
聖若瑟（拿撒勒的若瑟）	旅行者、父親、木匠	3 月 19 日
聖喬治	英格蘭、喬治亞	4 月 23 日
聖馬可（福音書作者）	律師	4 月 25 日
聖加大利納（西恩納的加大利納）	消防員、孕婦、病人	4 月 29 日
聖雅各（亞勒腓的兒子）	藥商	5 月 3 日
聖女貞德	法國軍隊	5 月 30 日
聖彼得	漁夫、船匠、漁業業主	6 月 29 日
聖保羅	宣教師、神學者	6 月 29 日
聖多馬	建築家	7 月 3 日
聖本篤	學生	7 月 11 日
聖抹大拉的馬利亞	香水商、美容師、改宗者、女性	7 月 22 日
聖雅各（西庇太的兒子）	獸醫、毛皮匠、西班牙、西雅圖	7 月 25 日
聖多明我	天文學者、冤罪者、多明尼加共和國	8 月 8 日
聖佳蘭（阿西西的加辣）	洗衣店	8 月 11 日
聖巴多羅買	皮革工匠、鹽商	8 月 24 日
聖莫尼加	已婚女性、聖莫尼卡（美國）	8 月 27 日
聖奧斯定	釀造家	8 月 28 日
聖馬太（福音書作者）	會計師、銀行家	9 月 21 日
聖方濟各（阿西西的方濟各）	商人、動物	10 月 4 日
聖路加（福音書作者）	醫師、外科醫師	10 月 18 日
聖西門（奮銳黨的西門）	搬運工、建材職人	10 月 28 日
聖安得烈	漁夫、歌手、蘇格蘭、俄羅斯	11 月 30 日
方濟・沙勿略	日本、中國、果亞邦（印度）	12 月 3 日
聖尼古拉	兒童、當舖、阿姆斯特丹	12 月 6 日
聖若望（福音書作者）	神學者、作家、友情	12 月 27 日

聖地與巡禮

十字運東征颳起的巡禮熱潮

　　基督教從最早期便已經有巡迴遊歷使徒殉教地的風氣，其中尤以耶穌基督處刑地耶路撒冷、使徒彼得殉教地羅馬、以及發現使徒雅各（西庇太之子）墓的聖地牙哥 - 德孔波斯特拉最為熱門，是基督教的三大聖地。

　　十一世紀末，十字軍一度從伊斯蘭勢力手中奪回耶路撒冷以來，西歐便興起了一股巡禮熱潮，大量信徒紛紛造訪耶路撒冷等三大聖地。據說巡禮所需旅費高達一整年的年收入，不過徒步巡禮者倒是可以免費在教會或修道院寄宿。旅途中多有遭盜賊襲擊之類的各種風險，所以巡禮者通常都要先償還所有借款、解決所有未竟之事並且寫好遺書，最後向祭司發誓必將完成巡禮之旅，然後才可以出發。

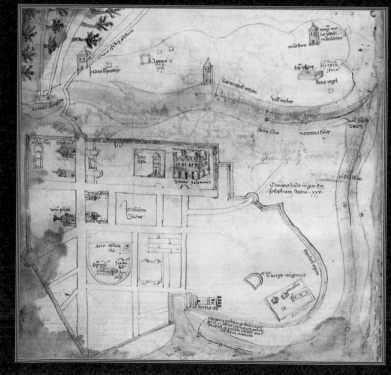

★1321年的耶路撒冷地圖。這張地圖不但明確記載到大衛塔、各各他山和聖墓教堂等地點，連水分補給站點都有記載。巡禮者便是憑著此類地圖踏上巡禮的旅途。

✿聖地巡禮流行的紀念品

作為證明自己確曾造訪聖地的信物，巡禮者去耶路撒冷就會捎回棕櫚樹枝，去羅馬就要帶十字鑰匙，去聖地牙哥 - 德孔波斯特拉就要帶扇貝貝殼作為紀念品，後來寬簷帽和飾有扇貝貝殼的背包更逐漸成為巡禮者的標誌。自從十三世紀聖人傳《黃金傳說》刊行掀起聖人信仰流行，祀有聖人聖遺物的教會和修道院便也加入巡禮聖地的行列，進一步助長了聖地巡禮的熱潮。

★十四世紀繪製的法國南部亞維農新城的教會壁畫。寬簷帽和飾有扇貝貝殼的斜背包是巡禮者的標準裝扮。

重要的聖地

九世紀發現相傳為十二使徒當中聖雅各（西庇太之子）墓，使得當地教會從此成為了三大聖地之一。十一世紀末至十三世紀初又建造了現在的主教座堂。從法國國境通往此地的道路亦稱「聖地牙哥 - 德孔波斯特拉的巡禮之路」，現已是登錄在案的世界遺產。

主要的巡禮道路

（1100～1500）

✚ 聖地

　 海路

　 陸路

呂北克
馬德堡
沃辛漢
坎特伯立
亞眠
科隆
聖米歇爾山　巴黎
特里爾　沃爾姆斯
格萊福
夏特
韋茲萊
圖爾
聖地牙哥 - 德孔波斯特拉
穆瓦薩克
克呂尼
都靈　米蘭
士魯斯
阿維尼翁
阿西西
君士坦丁堡
羅馬
巴里
米利都
耶路撒冷

傳說 326 年君士坦丁一世的母親海倫納出外巡禮，當時發現了基督遭處磔刑的刑場和埋葬地，於是君士坦丁大帝遂在同地興建聖墓教堂，現存建築卻是十字軍東征時期重建修復的建築物。

聖伯多祿大殿（聖彼得大教堂）建造在十二使徒當中的聖彼得之墓其上，當初本是君士坦丁一世於 324 年所建，現在的建築則是十六～十七世紀增建改建而成。

異端與絕罰

以軍事力量迫害異端

　　基督教在 313 年才終於憑著米蘭敕令獲得羅馬帝國官方承認，然則自開教以來已經三百餘年，教內針對教義早已生出諸多歧異。君士坦丁一世頒布米蘭敕令之用意在於利用基督教統治帝國，教義歧異非但可能造成基督教分裂、甚至有可能導致帝國分裂，為此他又在 325 年召集尼西亞公會議試圖統一教義。會議中將主張聖父上帝、聖子耶穌和聖靈「三位一體」理論的亞大納西派確立為正統，將主張基督是僅次於天父之半神的亞流派斥為異端。後來還有聶斯脫利派等其他主張出現，同樣也在五世紀被斥為異端排除。迫害異端活動為禍最烈的時期，便是教宗權力達致鼎盛的十三世紀初，也就是教宗英諾森三世的時代。

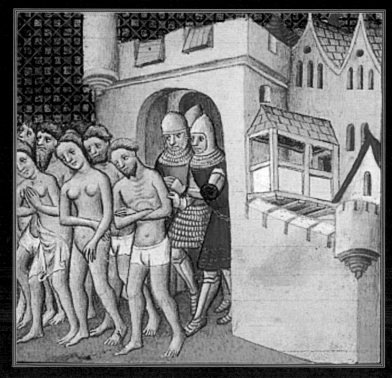

★十五世紀的繪畫，描繪南法城塞都市卡卡頌當中阿爾比十字軍逮捕清潔派的場景。

☆ 分裂與絕罰的循環

十二世紀後半在法國南部和義大利北部活動的韋爾多派重視清貧生活與托缽活動，光就這點來說韋爾多派跟方濟各會、多明我會等托缽修道會（p.149）其實並無二致，韋爾多派是因為將當時一律是拉丁文的聖經翻譯成通俗語言，方才在 1184 年以輕視教會權威的名義受宣告為異端。

韋爾多派在遭宣告為異端以後仍然持續透過地下活動來增加信徒，當時最致力於取締韋爾多派異端的尖兵，正是托缽修道會。同樣提倡清貧生活而於十二世紀興起的清潔派則是集中

☆ 絕罰的效果

基督教的所謂絕罰，便意味著將某人糾出教會這個共同體。在精神層面已經被基督教統一的中世紀歐洲，逐出教會便等同於被逐出社會，從卡諾沙之辱（p.22）便可以知道，貴為神聖羅馬帝國皇帝也往往要屈服於教會的絕罰。然則十四世紀由於十字軍東征失敗等諸多因素導致教宗權威失墜，法王腓力四世竟敢反過來攻擊將自己逐出教會的教宗卜尼法八世並將其軟禁，史稱阿那尼事件，由此可見絕罰的效果已經不復以往。

於南法的阿爾比一帶，故亦稱阿爾比派。清潔派會執行某種名為安慰禮的特有儀式，等於是相當鮮明地否定教會的權威，導致 1209 年英諾森三世要求法王腓力二世派兵鎮壓，使得清潔派在長達二十年的阿爾比十字軍迫害之下徹底消滅。

與此同時，教會又展開了異端審判，由直屬於教宗的異端審判官主持。十五世紀除主張聖經本位主義的威克里夫和胡斯以外，另有聖女貞德（p.22）同樣也被判作異端處以極刑。

【基督教異端年表】

325 年	亞流派遭尼西亞公會議定為異端。
431 年	聶斯脫利派①遭以弗所公會議定為異端。
451 年	基督一性論②遭卡爾西頓公會議定為異端。
十一世紀前半	清潔派勢力於法國南部擴大
約 1170 年	法國里昂的彼得・韋爾多創設韋爾多派
1179 年	第三次拉特蘭公會議決定禁止清潔派
1184 年	韋爾多派被宣告為異端
1209 年	阿爾比十字軍開始
1229 年	清潔派消滅
1232 年	教宗格列高利九世頒布敕書確立異端審判制度
1312 年	聖殿騎士團（p.36）被定為異端、正式解體
1414 年	康斯坦茨公會議將威克里夫和胡斯的主張認定為異端
1431 年	聖女貞德遭認定為異端、處以火刑
1484 年	教宗英諾森八世承認女巫存在、支持獵女巫運動

①聶斯脫利派：相對於亞大納西派認為基督同時擁有人性與神性，聶斯脫利派主張基督的人性在受肉的同時便已經與神性融合而僅剩神性而已。中國的景教就是聶斯脫利派基督教。

②基督一性論：基督只是形狀像人而本性唯有神性而已，主張與亞大納西派相對立。

★十八世紀都還有所謂的獵女巫（女巫審判），許多社會上的孤立者遭到迫害，據說犧牲人數超過十萬。

中世紀的刑罰

追求殺雞儆猴效果的殘酷刑罰

　　中世紀之初歐洲國家權力尚未確立、尚且無法以刑法刑罰完成維持治安之責任，所以私鬥（復仇）是當時最普遍的自力救濟手段。然則各家族之間和各領主之間的復仇情事不絕於後，所以十世紀末法國南部的教會推動了名為「上帝的和平」的運動。這個運動不單是要阻止領主間的復仇，還要求領主立誓不得傷害非武裝人員、不得奪取財物，一旦違反就要宣告絕罰、逐出教會作為處罰。此理念後來亦受神聖羅馬帝國繼承，十二世紀初以後便多次頒布禁止復仇的「領地和平令」，儘管各地區間或有差異，但總體來說還是逐漸確立起了針對罪行的罰則。大多數刑罰都是對破壞和平秩序者課以代價，所以特別重視殺雞儆猴的威懾效果。

★十四世紀後半的繪畫，描繪聖殿騎士團大團長雅克・德・莫萊與團員被判為異端、處以火刑。雅克・德・莫萊是聖殿騎士團的末代大團長。聖殿騎士團乃因懷有巨富而遭法王腓力四世覬覦、定為異端。

☆刑種以肉刑生命刑為主

　　為強調警示世人的威懾效果，中世紀刑罰鮮少有禁錮之類剝奪自由的刑罰，基本上不是肉刑就是生命刑。剝奪生命刑選在廣場等眾人圍觀的環境執行，加重竊盜罪和強盜罪當處絞刑，殺人綁架當處斬首，異端和縱火犯當處火刑，叛國罪當處英式車裂⁽註⁾或車裂之刑，罪行愈重刑罰就愈加暴虐。肉刑種類通常視乎其人罪行，作偽證和褻瀆神明要拔去舌頭，通姦男子則當去勢，傷害罪要砍手砍腳，輕度竊盜罪當斬斷手指，偽造貨幣者要在額頭烙印。

　　其人犯的是什麼罪行可謂是一目瞭然，這同樣也是出於懲戒威懾之目的。刑度更輕的則有鞭刑、施加手枷足枷甚至頭枷、剃髮罰款等刑罰。審判在審判所進行，審判所的參審員由國王或領主任命、行政官員則是由都市參事會任命，不服命令拒不出庭者就會被宣告為法外放置（法外之徒），意味該者被排除在受法律保護的對象之外，就算殺了受宣告者也不會被問罪。

註：英式車裂（Hanged, drawn and quartered）：犯人受刑時要赤裸上身站在高處、脖套繩索，首先在治安官命令下抽走梯子使犯人懸空，被勒至瀕死。絞刑之後要進入剜刑和閹割的環節，受刑者若意識尚存就會看到自己的內臟被逐個燒燬，直到心臟被搞除、犯人被斬首，屍體被分成四塊。

【 中世紀歐洲刑事審判流程 】

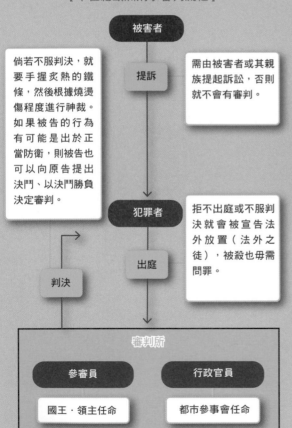

被害者

提訴

需由被害者或其親族提起訴訟，否則就不會有審判。

倘若不服判決，就要手握炙熱的鐵條，然後根據燒燙傷程度進行神裁。如果被告的行為有可能是出於正當防衛，則被告也可以向原告提出決鬥、以決鬥勝負決定審判。

犯罪者

出庭

拒不出庭或不服判決就會被宣告法外放置（法外之徒），被殺也毋需問罪。

判決

審判所

參審員　　　　行政官員

國王·領主任命　　都市參事會任命

★ 十七世紀的繪畫，描繪暗殺法王亨利四世的弗朗索瓦·拉瓦亞克遭處英式車裂刑的場景。這是種用馬匹扯斷四肢的刑罰。

★十四世紀前半教宗格列高利九世書簡集當中的插畫。聖職者和女性被戴上足枷，旁有貴族叱責。

十字軍東征

劃時代的十字軍運動

◆◆◆

　　1095 年拜占庭皇帝阿歷克塞一世不堪伊斯蘭教塞爾柱王朝壓迫，要求天主教教會派遣援軍。教宗烏爾班二世應其所請而於同年召開克萊芒會議，以恢復聖地為口號呼籲十字軍（crusades）遠征。教宗檄文透過各地祭司傳達到民間、令整個西歐世界為之瘋狂，翌年各地貴族便開始發兵東征。1099 年成功奪回耶路撒冷，建立耶路撒冷王國。

　　其實烏爾班此舉也是希望能主導十字軍，好在跟神聖羅馬皇帝的敘任權之爭（p.135）當中取得優勢，甚至再次統合 1054 年分裂（p.132）出去的東方教會。

★十五世紀法國畫家讓·科龍比筆下的克萊芒會議。

✻教宗權力日漸衰弱

儘管未能實現當初再次整合東方教會之目的，教宗的權力仍因席捲整個西歐的宗教狂熱而變得無可動搖，以致在 1122 年沃爾姆斯宗教協定當中贏得了敘任權之爭。此後教宗的權力在英諾森三世時代（1198～1216 年在位）達到頂點，進入教宗權柄的鼎盛時期。

然則自從 1187 年伊斯蘭英雄薩拉丁（Salah al-Din, Saladin）奪回耶路撒冷以後，十字軍便轉趨弱勢。第四次十字軍東征更是在威尼斯商人的誘導下攻陷並非原本目標的君士坦丁堡，十字軍東征已經悖離了當初的目的和宗教熱忱，以致 1921 年耶路撒冷王國的最後一個據點阿卡淪陷的同時，歷時兩百餘年的十字軍運動亦告終結。教宗權力開始墜落，取而代之的是世俗王權的抬頭崛起。

十字軍東征適逢十～十一世紀西歐世界農業改革的人口增長期，也經常跟伊比利半島的收復失地運動以及條頓騎士團（p.149）的東方殖民運動放在一起討論。另一方面，十字軍東征反而創造了與伊斯蘭教勢力接觸的機會，義大利北部各個都市的東方貿易（p.110）愈盛，使得西歐世紀的商業金融有長足發展，對西歐世界來說可謂是劃時代的一大關鍵。

★ 1135 年前後的耶路撒冷周邊地圖。第一次十字軍東征在佔領區建立了以耶路撒冷王國為宗主國的十字軍國家。奇里乞亞亞美尼亞王國是屬於東方教會體系的基督教國家，它雖然並不屬於羅馬天主教會系統，卻一直受到強大的伊斯蘭教勢力壓制，所以對十字軍多有助拻。

【十字軍相關年表】

1095 年	克萊芒會議中教宗烏爾班二世提倡呼籲發起十字軍
1096 年	第一次十字軍。下洛林公爵布永的戈弗雷等人出征 ❶
1099 年	成功奪回耶路撒冷。翌年成立耶路撒冷王國，由布永胞弟鮑德溫一世即位為王
1147 年	第二次十字軍。伯爾納鐸多方勸誘眾人加入東征，卻始終沒能攻陷大馬士革
1187 年	耶路撒冷遭埃宥比王朝的薩拉丁奪取
1189 年	第三次十字軍。英格蘭國王理查一世（p.30）等人參戰，未能奪回耶路撒冷
1202 年	第四次十字軍。十字軍在熱那亞商人的誘導之下揮軍攻陷君士坦丁堡、建立拉丁帝國
1212 年	德法少年組成少年十字軍，卻遭馬賽商人賣作奴隸
1228 年	第五次十字軍❷。神聖羅馬皇帝腓特烈二世與埃宥比王朝交涉獲得耶路撒冷統治權
1248 年	第六次十字軍。法王路易九世出征，敗於埃宥比王朝
1270 年	第七次十字軍。路易九世再次出征，病死薨於征途
1291 年	耶路撒冷王國最終據點阿卡淪陷，十字軍運動終結

❶ 第一次十字軍發生的同時，另外有一個自稱亞眠修道士的隱士彼得率領民眾十字軍向耶路撒冷進軍。據傳這支民眾十字軍因為當時的宗教狂熱使得人數超過十萬之眾，不過這支部隊只是輾轉於各地搜刮掠奪，最終遭到反擊而致潰滅。

❷ 1218 年耶路撒冷王國國王布列訥的約翰曾主張出兵襲擊埃宥比王朝的根據地埃及，有些人會把這次戰役算作第五次十字軍，如此就總共有八次十字軍。

中世紀的文藝

從教會主導發展成世俗取向的藝術

　　中世紀初期，文學全看聖職者和修道士。尤其本篤會（p.146）等修道會修道士原本就經常抄寫經書作為修行，後來還開始應國王或主教之要求寫作聖人傳記和歷史文學。這些全都是以拉丁文寫成，對各國各地只懂俗語的庶民來說實在太過遙遠，其內容也幾乎都只是圍繞著基督教的求道精神。

　　直到十二世紀教會附屬學校開始普及以後，才終於有俗語文學崛起。當時許多都是以《亞瑟王傳說》（p.8）和《羅蘭之歌》（p.14）等騎士道故事，又或者是以《尼伯龍根之歌》等神話作為題材的敘事詩。

★十二世紀前半繪製的羅馬樣式繪畫。

☆ 從平面到寫實

十三～十四世紀間文藝類型愈發多樣化，法國先有蘊含寓意和啟蒙精神的《玫瑰傳奇》成書，義大利則是有但丁創作《神曲》，至於英國則是有匯集騎士道浪漫譚、諷刺故事、滑稽故事等多種文藝類型的《坎特伯里故事集》問世。

音樂跟文學同樣，中世紀初期僅有教會在各種典禮上唱誦的聖歌獲得發展，到後來九世紀才會有單旋律的聖歌葛利果聖歌集大成。九世紀還另有一種名為奧爾加農的多聲部音樂，並在十二世紀以後有長足的發展。至於世俗音樂方面則是有名叫容格勒爾的街頭藝人，其中有部分藝人以吟遊詩人的形式從事活動，從中世紀鼎盛時期開始應民眾要求從事演奏舞曲等表演。十一世紀以後又有接受王公貴族庇護的抒情詩人特羅巴多，其中甚至還有亞奎丹公爵威廉九世之流會自己創作歌曲的貴族。

繪畫和雕刻則是與教堂建築（p.136）同步發展，從平面描寫的羅馬樣式演進為更加寫實、更具裝飾性的哥德樣式，然後才有後來達文西、米開朗基羅、拉斐爾大放異彩的文藝復興。

☆ 哥德樣式時期義大利的代表畫家之一西蒙尼·馬蒂尼於 1328 年繪製的聖阿戈斯蒂諾·諾韋洛三連畫。筆觸比平面的羅馬樣式顯得更加寫實。

☆十三世紀伊比利半島雷昂王國暨卡斯提爾王國的國王阿方索十世編纂的《聖母馬利亞頌歌集》插圖畫到當時的各種樂器，可以想見當時音樂之豐富。

中世紀的學問

從伊斯蘭文化圈移入的古典古代文化

　　古代末期有柏拉圖和亞里斯多德的哲學，有畢達哥拉斯和阿基米德的數學，有歐幾里德的幾何學，有希波克拉底和蓋倫的醫學，無數希臘文化與希臘化文化的優秀學問，其中心重鎮首推設有大圖書館的亞歷山卓繆斯神殿^{（註）}，以及設有柏拉圖學院和雅典學園的雅典。

　　可是自從基督教成為羅馬帝國的國教以後，這些異教學問便淪為受排斥的對象，六世紀以前許多學者紛紛逃往東方的薩珊王朝波斯，而七世紀復有正統哈里發伊斯蘭教團征服薩珊王朝，將希臘文化和希臘化文化翻譯成阿拉伯語、保存於伊斯蘭文化圈，與伊斯蘭文化融合發展。

★ 十四世紀畫作中波隆納大學授課講學的場景。波隆納大學是由學生同業公會發展而成，另一方面卻也有些大學例如巴黎大學則是由教師同業公會發展形成。

註：繆斯神殿（Mouseion）：古代希臘化世界的學堂，為英語「Museum」之語源。

✤ 各地大學林立

西歐世界是在十字軍東征的歷史背景之下跟伊斯蘭勢力、拜占庭帝國發生交流，才接觸到古典古代一脈的文化，那時已是十一世紀末之後。

其結果便是促成了試圖運用希臘哲學理性地為基督教神學建立理論基礎、將其體系化的經院哲學大行其道，始有托馬斯·阿奎那和奧坎的威廉等神學家、哲學家輩出。另一方面也正是在這個時期，自從歐洲第一所大學波隆那大學於 1088 年成立以來，各地紛紛有許多大學陸續設立。在此之前人們只有在教會的附屬學校方能接觸到學問，從此往後富裕的庶民子弟也可以進大學修習神學，甚至是從伊斯蘭文化圈傳入的法學、醫學等學科。後來大學教育演變成先修習文法、修辭學、辯證法、算術、天文學、幾何學、音樂學的所謂「自由七科（通識教育）」，然後才能進入神學、法學、醫學等高級學科，而各家大學後來也都發展出各自特色，比如巴黎大學是神學重鎮，薩萊諾大學和蒙佩利爾大學以醫學見長，牛津大學和劍橋大學則是自然科學研究的風氣最盛。

主要的大學

劍橋大學（1209 年）
牛津大學（1096 年？）
科隆大學（1388 年）
布拉格查理大學（1348 年）
維也納大學（1365 年）
巴黎大學（1215 年）
海德堡大學（1386 年）
奧爾良大學（1306 年）
帕多瓦大學（1222 年）
波隆那大學（1088 年）
瓦拉多利德大學（1241 年）
蒙佩利爾大學（1289 年）
西恩納大學（1204 年）
羅馬大學（1303 年）
薩拉曼卡大學（1218 年）
拿坡里大學（1224 年）
薩萊諾大學（1231 年）
科英布拉大學（1290 年）
莫夕亞大學（1272 年）

在尚未形成大學組織以前，九世紀便已經有醫學校設立（p.130）。

中世紀的世界觀

歐亞大陸和非洲就是全世界

　　中世紀歐洲的精神文化世界一直受到基督教統治，其世界觀是以聖經的記述為軸心，然後在不造成矛盾的前提下接受採納古希臘文化和希臘化文化。一般相信世界是由造物主亦即神所創造，萬物均是由火、空氣、水、土四個元素構成。至於對空間地理的認識，當時曾經大量繪製呈現基督教世界觀的所謂世界地圖（Mappa mundi）；儘管不同時代或有差異，大體來說均是以東方為地圖的上方、以耶路撒冷為世界的中心，亞洲位於上方，地圖左下畫的是歐洲、右下畫的是非洲，其外則是大海環繞包圍。製作比較精緻的地圖還會記載旅途見聞諸情報，甚至畫上各地傳說裡的怪物。

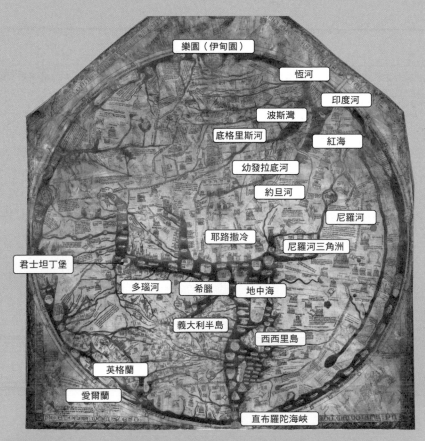

樂園（伊甸園）
恆河
印度河
波斯灣
底格里斯河
紅海
幼發拉底河
約旦河
尼羅河
耶路撒冷
尼羅河三角洲
君士坦丁堡
多瑙河　希臘　地中海
義大利半島
西西里島
英格蘭
愛爾蘭
直布羅陀海峽

★1300 年前後繪製的世界地圖「赫瑞福地圖」。

第6章

中世紀歐洲的國王與領主

封建社會的成立

沒有國家權力保護的舊時代社會體制

　　中世紀西歐社會乃以莊園制度（p.74）為基礎：領主領有土地並統治被土地綁縛的農民隸農，不過領主階級當中其實也是有主從關係的。主君封地給家臣並承諾給予保護（包括軍事支援和法庭辯護），相對地家臣就要從軍或出仕為主君提供服務作為代價，這種以土地為媒介的封建主從關係就叫作「采邑制」。

　　古羅馬時代有大地主將土地貸予他人換取地租或勞役的恩地制，日耳曼社會則有出仕當權者換取武器衣食的從士制，據說采邑制便是恩地制和從士制的融合，而在西羅馬帝國滅亡以後，甚至是法蘭克王國分裂以後，采邑制一直都是尚無強大國家權力足以保護個人權利的中世紀時代所特有的政治社會體制。

★締結封建主從關係時舉行的「表敬儀式（Hommage）」。臣下要跪地合掌向前伸出表示敬意，主君則是要用雙手握住家臣的手表示接納。有些人還會將主從雙方的應盡義務寫成書面。

✵教會和領主權力的衰退

鐮倉時代雖然也有御家人制度同樣是封建制度，不過西歐中世紀的封建制度的最大特徵便在於，這是個領主和個人雙方面各有各自應盡義務的契約關係。舉例來說，主君一旦違反誠實義務則家臣非但有權反抗，為此解除主從關係的事例亦所在多有，甚至還有些家臣會同時出仕於多名主君。再者，中世紀歐洲的主從關係還涵蓋了騎士仕於諸侯（貴族）而諸侯仕於國王的多層次關係，某個家臣即便和主君締結形成主從關係，這也並不代表他跟主君的主君之間的主從關係自然成立。所以其中的權力關係變得非常複雜，並未形成單一個以國王為頂點、相對單純的位階序列制度。國王本身只不過是「眾多封建領主當中的第一人」，即便神聖羅馬皇帝也不過是受「選帝侯」選舉所選上的一個領主而已。

西歐的中世紀政治史便是始於這種世俗貴冑權力與教會權威同時存在的複雜體制，其間歷經農業革命和都市崛起帶來莊園制變質、黑死病（鼠疫）造成社會衰退、戰禍連綿令領主階級趨於沒落，使得國王權力相對得到強化、終於步上絕對君主制一途。

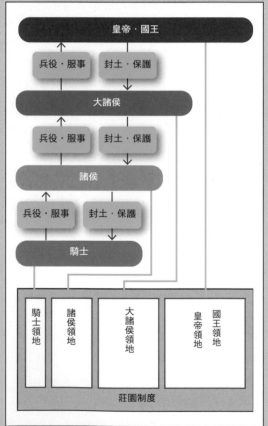

【建構封建社會的莊園制度】

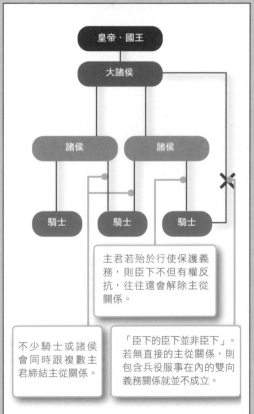

【封建社會的主從關係】

王權的擴張

使王權獲得強化的社會改革

◆◆◆

　　作為「封建領主的第一人」，國王的權力於十四～十五世紀間有很大的擴張。十一～十二世紀以來貨幣經濟得到發展，隸農逐漸獲得解放使得承載封建制度的莊園崩壞、領主階級趨於沒落。黑死病（p.128）過後農民地位獲得提升，大幅加速隸農解放之進程。其間雖有領主階級透過向領民加稅、重啟徭役等「封建反動」活動試圖重振統治，卻遭遇農民發動札克雷暴動、瓦特·泰勒農民起義等大規模叛亂對抗。

　　接二連三的戰爭使得領主階級疲弊、唯有沒落沉淪而已，另一方面國王則是為市民階級（資產階級）提供商業保護而獲得大量資金援助，從而使得王權愈趨強化。

★ 正在鼓舞叛軍士氣的聖職者約翰·鮑爾。畫面左下的紅衣人物就是瓦特·泰勒。「瓦特·泰勒農民起義」便是由約翰·鮑爾和瓦特·泰勒領導指揮的起義。

✵宗教勢力受王權壓制

作為世俗權力以外的另一個權威，教宗的權力隨著十字軍運動（p.158）的消長而在十一～十三世紀進入最鼎盛時期。可是同樣在這段期間裡面，國王卻也陸續沒收了許多並未冊立繼承者而戰死的騎士諸侯領地，從而積蓄了不少實力。

1291 年耶路撒冷王國阿卡淪陷、十字軍以失敗收場使教宗權威蒙塵，過不多久 1303 年就發生法王腓力四世將敵對教宗卜尼法八世軟禁於羅馬郊外的阿那尼事件。接著 1309 年又有將教廷遷往南法阿維尼翁的「教宗的巴比倫囚虜（阿維尼翁囚虜）」，使得教宗從此長期受到法王的監視控制。

阿維尼翁囚虜在 1377 年教廷重返羅馬後告終，翌年 1378 年卻有法籍樞機主教為對抗義大利籍樞機主教扶植選出的教宗烏爾班六世，遂在阿維尼翁另立教宗造成教會大分裂。

一連串事件使得教宗威信掃地，教宗再也無法勝任從前為世俗權力調停紛爭的角色和機能，也才會有後來的百年戰爭和薔薇戰爭。

【步向王權強化之中世紀西歐年表】

843 年	凡爾登條約將法蘭克王國分成中法蘭克、西法蘭克和東法蘭克
870 年	梅爾森條約大致劃定現在義大利、法國和德國的領域
875 年	義大利王國（中法蘭克）卡洛林家族絕胤
911 年	東法蘭克王國的卡洛林家族絕胤，德意志王國改採選舉君主制
927 年	盎格魯撒克遜七王國統一，英格蘭王國成立
962 年	德意志國王兼義大利國王鄂圖一世加冕為神聖羅馬皇帝
987 年	西法蘭克王國的卡洛林家族絕胤，卡佩王朝法蘭西王國誕生
1035 年	納瓦拉王國分割繼承形成卡斯提爾王國和亞拉岡王國
1066 年	諾曼征服英格蘭，建立諾曼第王朝英格蘭王國
1095 年	克萊芒會議，教宗呼籲十字軍東征
1122 年	沃爾姆斯宗教協定確認聖職敘任權歸於教宗
1198 年	英諾森三世就任教宗
1291 年	耶路撒冷王國淪陷，十字軍終結
1303 年	阿那尼事件
1309 年	阿維尼翁囚虜（教宗的巴比倫囚虜）之始（～ 1377 年）
1337 年	百年戰爭爆發（一說始於 1339 年）
1348 年	黑死病（鼠疫）擴散全歐洲
1358 年	法國發生札克雷暴動
1378 年	阿維尼翁另行擁立教宗克雷芒七世，造成教會大分裂（～ 1417 年）
1381 年	英格蘭爆發瓦特‧泰勒農民起義
1429 年	聖女貞德在奧爾良登場（p.22）
1453 年	百年戰爭終結，英格蘭幾乎失去所有位於歐洲大陸的領地
1455 年	薔薇戰爭爆發（～ 1485 年）
1479 年	西班牙王國（卡斯提爾‧亞拉岡聯合王國）成立
1492 年	格拉納達淪陷，收復失地運動終結

★ 描繪阿那尼事件的十九世紀繪畫。法王腓力四世與教宗卜尼法八世因為聖職者課稅問題而對立，法王將教宗軟禁於羅馬東南郊的阿那尼，直接導致教宗憂憤而死。

城寨的設施

隨著新兵器問世而漸次變化的城寨

　　城寨約於十世紀首次出現在中世紀的西歐。先是法蘭克王國分裂，北面有諾曼人、東面有馬札爾人侵略，各地莊園領主紛紛開始建造城寨以自我防衛。

　　「城寨城堡（Motte-and-bailey）」是城寨的代表形態，這是種以「小丘（motte）」為中心，然後在屯土夯成的「中庭（bailey）」設置倉庫、住家和教會等設施，再以柵欄和壕溝環繞於外。小山上面建有領主居住的「主樓（keep）」木塔，十一～十二世紀以後不但主樓改為石造，連柵欄也都換成了石造的城牆。除此以外，也曾經有過用兩三層城牆圍繞主樓的集中式城廓（同心圓城廓）。

★十五世紀抄本中的幕牆式城廓。側防塔是要從側面射擊攀登城牆的攻城兵，所以蓋成向外突出城牆的形狀。城門設有釣橋和一種叫作格柵的垂直升降滑門。

✿城堡從戰鬥要塞逐漸王宮化

十三世紀以後，各地紛紛建造起配備堅固城門、高聳城牆和側防塔的幕牆式城廓（圍牆城廓）。為減輕主力攻城兵器投石機的打擊殺傷，側防塔從原先的方形改以圓形為主流。主樓因為軍事重要性大大降低所以多遭廢除，領主也住進更加舒適的居館去了。

進入十五世紀以後，攻城戰的樣貌又因為大砲投入實戰而為之一變。此前的城牆著重高度，此後重視的卻是足以耐受大砲攻擊的城牆厚度，十五世紀中期義大利甚至還出現了可以同時從數個向外突出的稜堡側面打擊攻城軍的星形稜堡式要塞。到此為止，原本作為領主住處的城樓已經跟作為防衛據點的要塞完全分離，使得城樓逐漸演變成為講究居住性與豪華程度的王宮。

★ 城寨城堡型城廓

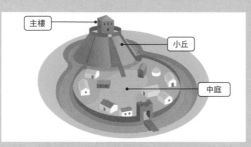

★ 十三世紀法國的《十字軍聖經》。這是本描繪聖經各場景的圖畫書籍，圖為「撒母耳記」一景，當中畫到投石機等令人聯想中世紀攻城戰的情景。

★ 十五世紀成書的《特洛伊包圍網》的插畫。當時攻城軍非但會用弓箭大砲攻擊集中式城廓，還經常使用挖掘地道破壞城牆的戰術。

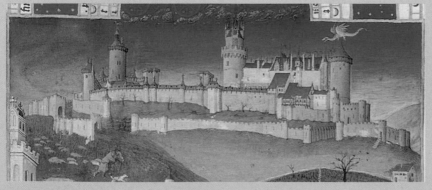

★《貝利公爵豪華的時禱書》三月份畫到的集中式城廓（同心圓城廓）。內層城牆高於外層，即便外層城牆遭到攻陷也仍能佔據制高點作戰。

中世紀歐洲的世界遺產③城寨

遺留於歐洲各地的中世紀城堡

◆◆◆

十一世紀以後許多中世紀城堡都改成石造，才能留存到現在。從最單純的城寨城堡，到設有釣橋的幕牆式城廓（圍牆城廓），甚至還有星形稜堡式要塞，許多中世紀城堡都已獲得登錄成為世界遺產。

★蒙特貝羅城堡。

主要的世界遺產城寨

諾曼第王朝初代國王威廉一世1078年下令建造的要塞。現在的建築成於十三世紀，其間經歷過獅心王理查一世（p.30）整修壕溝。十七世紀以前曾經作為王宮使用，並設有造幣所、天文台、皇家動物園等設施。

十一世紀建立起最初期的於塞城寨，直到十六世紀前半才建構成今日的模樣。相傳是十七世紀童話作家夏爾·佩羅所著《睡美人》的故事舞台。世界遺產「羅亞爾河城堡群」除於塞城以外，還包括聖女貞德（p.22）從前謁見查理七世的希農城，以及貞德進軍前接受蘭斯大主教祝福的布魯瓦城等許多城堡。

1067年圖林根伯爵下令起建的城寨，經過多次增建改建以後，漸漸變成比較偏向王宮的建築。傳說十二～十三世紀此地曾舉辦過宮廷歌唱比賽，華格納便是根據這則逸聞創作了歌劇《唐懷瑟》。此地另以宗教改革時代馬丁路德曾經藏匿於此而聞名。

倫敦塔

瓦爾特堡

於塞城

蒙特貝羅城

彷彿圍繞貝林佐納城鎮而建的三個城寨其中之一。城體本身建於十三世紀，城牆則是至十五世紀方告完工。小丘上建有高塔，中庭則是分成兩塊建有許多住家。必須穿過垂直昇降的格柵和釣橋，方能進到中庭。

帕爾馬諾瓦都市要塞

十六世紀威尼斯共和國作為對抗鄂圖曼帝國防禦據點而建立的都市要塞。是個擁有九個稜堡的星形稜堡式要塞，義大利從一世紀中期開始建造同樣的要塞。

蒙特城堡

神聖羅馬皇帝腓特烈二世於十三世紀建造的城堡。其平面的形狀是在城牆圍繞八角形中庭的八個角落設置八角形側防塔的幾何圖形。義大利鑄造的一分歐元硬幣上面便印著蒙特城堡的形象。

★ 瓦爾特堡。

★ 蒙特城堡。

王宮的居民

以總管為首的家政機關

◆◆◆

　　中世紀初期，法蘭克王國其實並無供國王長期定居的王宮，國王是根據軍事、狩獵或過冬等必要，隨身帶著支持維繫國王生活方方面面的一大群人在各地的居館間移動。統籌這個家政機關的首長官職名叫宮相，而後來的宮相可以掌管政務、財務甚至軍事，擁有絕大的權力。八世紀便有法蘭克王國宮相查理‧馬特因為圖爾戰役而聲名大噪，751 年其子丕平三世便開創卡洛林王朝取代了墨洛溫王朝。

　　十世紀法蘭克王國分裂使得各地領主紛紛開始建造城寨以求自保，從此國王才開始定居於首都的王宮，這便是王宮生活之始。

★ 十四世紀後期記錄法王查理五世加冕情景的抄本。大侍從波旁公爵正在服侍查理五世穿上王靴。

☆後世行政軍事機構的雛型

宮相這個職役後來演變成可以譯作「總管」的「Sénéchal（法文）」和「Steward（英文）」，卻再也沒有形成先前那種各種權力集中於一身的情形。在總管的統籌管理下，王宮裡住著侍從、侍女、廚師、廄舍管理人、木匠、鐵匠、傳令和聖職者等各種職能者。

聖職者可是當時稀有的「會寫字的人」所以擔任國王的書記官，而這個書記官後來又發展成類似英格蘭王國「大法官」的行政長官。其次，從廄舍長的稱呼「Constable」後來變成軍隊總司令官的稱號便不難想見，歐洲的王宮於十一～十三世紀間便已經由家政機關衍生形成了完整的行政與軍事機構。

另外還有保護國王的騎士及其從卒、從國王領地徵召來的士兵和警衛，甚至還有接受國王庇護的作家、詩人和藝術家。雖然說這些只不過是為顧及外交門面所設的王宮完整體制，不過卻也引得諸侯紛起模仿、大大促進宮廷文化發展。

王宮的居民

王家（國王・王妃・王子・公主等）

↑ 侍奉　　管理 ↓

總管
王宮家政機關的首長，管轄王家的私事和公務。
權限極大，經常是從有權有勢的貴族當中遴選擔任。

家政機關

侍從・侍女
負責照顧國王王妃等人的生活起居。

管家
原是管理酒類和餐具的服務人員，後來負責管理包括侍從在內的所有僕從。

大侍從・大室長
從管理國王寢室和服裝的侍從衍生形成的職役，後來變成由大貴族擔任的重要職位。

傳令
負責文書通信。（p.124）

廚師
負責王家的料理。

廄舍長
管理國王馬匹馬具的職位，後來演變成為軍隊的總司令官。

木匠・鐵匠
鐵匠本來只是替國王打造馬蹄鐵而已，後來才跟木匠一起為國王製造各種形形色色的設施和道具。

其他

聖職者
除管理王宮裡的教會，還要擔任國王的秘書官。

騎士・從卒
國王的護衛。有時會連同配屬的從卒和雜役一起住在王宮裡面。

詩人・藝術家
接受國王王妃庇護在宮中創作騎士道文學、敘事詩和音樂。

貴族的階級

存續至今的貴族制度

　　近代日本所謂華族制度使用的「公侯伯子男（五爵）」爵位，便是將中世紀歐洲確立的貴族制度套上中國的爵位稱呼而來。舉例來說，諾曼第公爵威廉「William, Duke of Normandy（英）」、奧地利公爵利奧波德五世「Leopold V, Herzog von Österreich（德）」、巴黎伯爵于格・卡佩「Hugues Capet, Comte de Paris（法）」當中的「公」和「伯」指的是公爵和伯爵的爵位。按照封建制度（p.166）原則來說，中世紀的貴族身分是當國王或皇帝跟臣下締結帶有雙方面義務的封建關係時，由國王或皇帝對臣下授予的僅限一代的爵位，只是後來隨著法蘭克王國分裂和諾曼人馬札爾人的入侵、世局混亂導致王權衰弱化，地方領主實力變得相形壯大，爵位才逐漸改為世襲罔替。

★高舉象徵奧地利的紅白條紋旗行進的奧地利邊境伯爵利奧波德一世（940？～994）。

☆邊境貴族成為統治地的王

「邊境伯爵」是最典型的世襲階級。法蘭克王國的領土在查理大帝（p.12）時代得到大幅擴張，而邊境伯爵本是法蘭克王國為國境邊防目的所派遣到西班牙、奧地利和布蘭登堡等地的地方長官，但由於邊境伯爵同時握有廣袤的領土和軍事力量，才能在中央權力弱化的同時轉為世襲諸侯。以現在法國西班牙國境一帶的西班牙邊境伯爵領地為例，當時又把領土分成更多的伯爵領地分割統治，才有其中一部分強大的諸侯在九～十一世紀間獨立、建立了納瓦拉和亞拉岡等王國。西班牙邊境伯爵領地當中有個烏赫爾伯爵領地，就是烏赫爾主教取得領地統治權並獲法王封為公爵，該領地才變成安道爾侯國傳承至今。再者，貴族爵位在王權得到大幅強化的十三～十四世紀演變成必須得到國王承認的國王認可制，然後才逐漸發展成今日的爵位制度。

【中世紀歐洲確立的爵位及其序列】

中文	英文	法文	義大利文	德文
大公 除國王以外的王族，或是王族旁枝家族的家長等	Grand Duke	Grand Duc	Granduca	Erzherzog Großherzog
公爵 除邊境伯爵改稱以外，公爵也是經常封給王族的爵位	Duke Prince	Duc Prince	Duca Principe	Herzog Prinz
選帝侯 擁有神聖羅馬皇帝選舉權的貴族	Prince Elector	Prince électeur	Principe Elettore	Kurfürst
侯爵 從前的邊境伯爵，或者統治一方領地的重要貴族	Marquess	Marquis	Marchese	Fürst
邊境伯爵 法蘭克王國設置的地方長官。除了現在德國東北部的布蘭登堡邊境伯爵等少數以外，大多都已改稱公爵或侯爵	Margrave	Margrave	Margravio	Markgraf
伯爵 源自羅馬帝國行省政務輔佐官「Comes」。法蘭克王國時代封給小地區地方官的爵位	Earl Count	Comte	Conte	Graf
子爵 亦稱副伯爵。法蘭克王國時代封給伯爵輔佐官的爵位	Viscount	Vicomte	Visconte	Vizegraf
男爵 封給跟國王締結直接封建關係的貴族。英國會將侯爵到男爵尊稱為「Lord」，公爵以上則尊稱為「Prince」	Baron	Baron	Barone	Freiherr
準男爵 英國於十七世紀創設的爵位。準男爵以下尊稱為「Sir」	Baronet	Baronnet	Baronetto	—
騎士 騎馬戰士的名譽稱號	Knight	Chevalier	Cavaliere	Ritter
鄉士、紳士 本是法國封給騎士從卒的稱號。最基層的貴族	Esquire Gentry	Ecuyer	Nobile	Junker Edler

王侯貴族的紋章

為戰場識別身分而生的紋章

　　據說現在歐洲各國王侯貴族的紋章首見於十世紀前後。當時騎士武裝多是清一色的鎖子甲搭配鐵頭盔把全身包得嚴嚴實實的，一旦進入混戰就很難分辨敵我甚至個人身分。於是乎，據說在盾牌上繪製可供辨識個人身分的固有圖案便是紋章的肇始，以 1066 年黑斯廷斯之戰為主題的「貝葉掛毯」就有畫到騎士手持的盾牌帶有圖案。其後十一～十二世紀騎士長槍比試（比武大會）興起以後，識別個人身分的紋章又得到進一步的擴大發展，最後成為代代傳承的標誌。除盾牌以外，後來人們也開始在騎士長袍或馬具等用具上面使用紋章，甚至催生出專責識別紋章、檢查紋章有無重複的紋章官一職。

★尚・傅華薩《大事記》（十四世紀後半）所繪比武大會（騎士長槍比試）插畫。
甲冑被覆全身，除紋章以外再無其他判別身分的線索。

✯紋章之設計各有意涵

約莫自十三世紀起，人們設計紋章時大多是將盾牌置中，搭配以傳說中的英雄和動物（護盾獸）等元素，又使用頭盔、王冠、盔飾、斗篷、底座和標語（格言）等附屬物，並且針對盾牌部分的紋章建立起各種規則。

紋章的根本目的便是要識別個人，因此第一條規則就是必須選用別家沒有使用的設計。盾牌的圖案大致可以分成三種，也就是將表面分成幾塊塗上不同顏色的「分割圖形」、使用簡單條紋的「幾何學圖形」，以及使用動物或幻獸等意象的「具象圖形」。顏色分成基本色調（紅、藍、黑、綠、紫）和金屬色調（金或黃、銀或白），另外還有將白貂毛皮圖像化的「毛皮圖樣」，但原則上來說不可使用基本色搭基本色、金屬色搭金屬色這種相同系列顏色的搭配。

若是為因應結婚或領地整合等狀況而要添加別人家的紋章，則可以把盾牌分成二等分或者是四等分、把多個紋章組合起來。有時為獎勵特殊功勳君主會賞賜所謂的「榮譽增強紋章」，此時同樣也是要把盾牌分成更多區塊、將榮譽增強紋章添加進去。

英國的國徽

✯英國是以王室的紋章作為國徽。

頭盔
通常象徵地位。金配紅在英國象徵著國王或王太子。

護盾獸
圖中金色獅子象徵英格蘭王室，獨角獸象徵蘇格蘭王室，也就是說這是個聯合王國的標誌。

格言
DIEU ET MON DROIT（法語）。這是英國王室的座右銘，直譯為「我權天授」但其實應作「王受神恩寵」解釋，也就是說王權神授的意思。

嘉德勳章
HONI SOIT QUI MAL Y PENSE（中世紀法語）。意為「願懷抱惡意者災禍降臨」。嘉德勳章是英格蘭的最高勳章，將最高勳章編入王室的紋章當中。與格言同樣，再再顯示著英國王室與法國之間的淵源。

王冠
唯獨王室貴族才可以使用。

盾形
代表此人參與戰鬥，起初主要是男性使用但後來已流於形式。盾形所繪圖象有各種不同涵意，通常代表的是家世和勳章榮譽。

【分割圖形之例】

【幾何學圖形之例】

【具象圖形之例】

王宮的生活

以國王領主為中心的生活

國王領主的一天，首先從起床以後的沐浴洗髮開始。打理好以後先到城裡的教會去做早晨禮拜，然後麵包搭配葡萄酒或愛爾啤酒吃個簡單的早餐。接著上午召集以總管為首的眾高官討論領地經營、領內訟訴案件和外交等事宜，聽取周邊諸國情報之類的報告，處理政事做出決斷。若有來客那就跟王妃或夫人一同接待，有時也會帶客人一同從事放鷹狩獵等娛樂活動。午餐吃的是豪華的全套餐料理，在吟遊詩人的彈唱助興之下享受悠閒的用餐。下午有時候也會有工作，但大多數仍是閒庭信步、展書賞文，將時間花費在悠哉悠哉的笑語談天之中。晚餐不如午餐豪華，相對來說吃得比較清淡。晚餐過後享受家族歡談或音樂等節目，然後就寢。

✸與現代生活相去不遠的王宮日常

國王領主有時也會在每日生活各個環節之間聽取領民陳情，又或者是和商人商談。

夫人除了使喚侍從侍女打掃、洗衣和撫養兒女以外，餘下時間則是跟侍女閒聊笑談、聽吟遊詩人唱歌或是作詩。城裡的孩子則是會去教會跟聖職者學習拉丁語等學問。

騎士主要工作是率領從卒維護城寨警備，有時卻也會跟著總管一起參加領地經營會議。除此以外的所有時間，則全部都是用來訓練馬術和武藝。

侍從、侍女、廚師等人在主人還沒起床以前就要先開始工作，按照總管和夫人的指示打點主人生活起居、端茶遞水之類的。

✸ 十五世紀德國一幅名為《樂園的小庭院》的繪畫，畫到宮廷婦人閒暇時間的活動情景。

✸ 1200 年代德國王侯貴族服裝。從左至右依序是皇后、公爵和伯爵三人，最右端是神聖羅馬皇帝腓特烈二世。

✸ 1400 年代法國王侯貴族服裝。從左至右依序是宗教騎士團員、公主、庶民少女、公主、國王、勃艮第公爵菲利普三世和另一名公主。

←✸《貝利公爵豪華的時禱書》（1 月）。為慶祝新年置辦的諸侯正餐。菜餚以肉類料理為中心，每人持各自的小刀切肉、用手抓著吃。相傳叉子和用餐禮儀是十六世紀凱薩琳・德・麥地奇從義大利嫁過來的時候才帶到法國來的。

中世紀的戰爭

戰爭的大規模化促使戰術產生變化

　　中世紀有許許多多的戰爭，包括十字軍東征和收復失地運動等對抗異教徒（伊斯蘭教徒）的戰爭、阿爾比十字軍和胡斯戰爭等對抗異端之戰，還有王公貴族之間的相互征伐。中世紀初期的貴族內戰大多屬於以「復仇」為名的私鬥（p.156），這是種名譽受到損傷抑或是自認名譽受損所發動的復仇戰鬥，當中亦帶有神明裁決之要素，當時相信勝利者便是上帝判定為正義的一方。「復仇」要先自報名號再宣布開戰、必須蹈循一定的程序，但這只是貴族之間的規矩，向農村等地發動略奪戰爭自然就要另當別論。教會從十世紀開始推動「上帝的和平」運動，倡導摒棄對非武裝民眾的破壞略奪行為。

☆從地區紛爭到國家戰爭

教會呼籲停止復仇私鬥之效果不彰，每當戰事發生農民就要舉家帶著牲畜躲到森林裡或鄰村去避難。士兵對非戰鬥人員的攻擊並無任何秩序可言，至於戰鬥人員之間的攻防戰鬥則是雙方要來到先前講好的戰場交兵，一旦日落就要鳴金收兵，可以說是還帶著點浪漫的牧歌情懷。倘若野戰當中敗下陣來，身分高貴者可以拿來換贖金所以通常會被留下活口，基層士兵卻多遭無情殺戮、剝奪周身裝備和財物。

倘若在守城戰當中戰敗了，城寨或都市往往就會遭到有組職的大規模略奪和屠殺。

中世紀初期戰爭多是領主之間的小規模紛爭，但隨著原本擔任調停機關的教宗權力沒落、世俗王權崛起，十三世紀末以後戰爭規模變得愈發龐大，爆發了蘇格蘭獨立戰爭、百年戰爭、薔薇戰爭和義大利戰爭等國家等級的戰爭。也因為戰爭的大規模化，使得戰爭中的主戰力從縱馬突襲的重裝騎兵轉移到配備長弓的步兵隊，後續又轉移到大砲和傭兵（p.186）火槍隊，最後才是絕對王政時代的常備軍。

【中世紀歐洲的主要戰爭】

732 年	圖爾戰役	法蘭克王國擊破從伊比利半島北上進軍的伊斯蘭勢力
955 年	第二次萊希菲爾德之戰	東法蘭克國王鄂圖一世（後來的初代神聖羅馬皇帝）擊退馬札爾人侵略
1066 年	黑斯廷斯之戰	諾曼第公爵威廉為爭奪王位繼承權、擊破英格蘭國王哈洛德，開創諾曼第王朝並即位為威廉一世（諾曼征服英格蘭）
1073 ～ 1075 年	薩克森戰爭	神聖羅馬皇帝（p.28）平定薩克森大公爵領地的貴族叛變
1096 ～ 1291 年	十字軍東征（p.158）	
1209 ～ 1229 年	阿爾比十字軍（p.154）	
1215 年	第一次男爵戰爭	諸侯蜂起反抗拒絕接受大憲章的英格蘭約翰國王
1297 年	史特靈橋戰役	威廉・華勒斯（p.18）率領蘇格蘭擊破英格蘭軍。蘇格蘭獨立戰爭開始（～ 1328 年）
1302 年	金馬刺戰役	以騎兵為主的法軍慘敗給採取槍步兵密集縱隊戰術的布呂赫市民軍。市民軍從騎兵部隊奪得多達 700 個的黃金馬刺，故名。此為騎士沒落的開端
1314 年	班諾克本戰役	蘇格蘭獨立戰爭期間的一役
1337 年	百年戰爭爆發（～ 1453 年）	
1346 年	克雷西會戰（百年戰爭）	以弓兵隊和下馬騎士為主力的英格蘭軍隊戰勝法軍
1415 年	阿金科特戰役（百年戰爭）	法軍也採用下馬騎士，並擬定以重裝騎兵衝擊弓兵隊後方的戰術，卻未能突破弓兵隊的木樁防禦。法軍敗退
1419 年	胡斯戰爭	遭斥為異端的胡斯派及其據點布拉格市遭宣布絕罰、逐出教會，引起胡斯派奮起反抗。神聖羅馬帝國雖然派出所謂的胡斯派十字軍，最後卻是 1439 胡斯派內部分裂成穩健派與激進派，穩健派與帝國聯手排除激進派，戰爭方告終結
1428 年	奧爾良包圍戰（百年戰爭）	1429 年，聖女貞德（p.22）登場
1453 年	卡斯蒂永戰役（百年戰爭）	法軍擊破英軍，百年戰爭終結
1455 年	薔薇戰爭	蘭卡斯特家族（紅薔薇）和約克家族（白薔薇）爭奪英格蘭王位的內戰。1485 年擁有蘭卡斯特家族繼承權的都鐸家族亨利七世打倒約克家族，開創了都鐸王朝
1494 年	義大利戰爭爆發	法國主張擁有拿坡里王國繼承權率軍來攻，神聖羅馬帝國與西班牙王國出兵反擊。後來又因為米蘭公國的繼承權造成瓦盧瓦家族（法國）和哈布斯堡家族（西班牙、神聖羅馬帝國）對立，至 1559 簽定條約戰事告終

←☆十四世紀成書的尚・傅華薩《大事記》的插畫。面對手持長弓、以快速射擊見長的英軍，以十字弓為主力的法軍明顯處於劣勢。

中世紀的騎士

創造出「騎士道」意識形態的「貴族≒騎士」構圖

所謂騎士就是指騎馬作戰的騎馬兵種，中世紀初期軍隊的主戰力其實並非騎馬兵種而是步兵，騎士是直到十一世紀中期才開始在戰場上佔得重要的地位。在此之前的騎士是個介於貴族與自由農民中間的身分階級，而正如同教會於十世紀推動的「上帝的和平」運動禁止倡導停止破壞和略奪那般，當時騎士的形象是好戰的、殘暴的。

可是隨著十一世紀後期以後騎士重要性大增，教會想要籠絡騎士為己所用而賦予「基督的戰士」形象，其具體證據便是在十字軍東征（p.158）風起雲湧的十二世紀前半，亞瑟王傳說（p.8）、查理曼傳說（p.14）被寫成敘事詩大肆傳唱，使得「騎士道」在西歐世界蔚為風行。

★十四世紀中葉以前成書的德意志詩歌集《馬內塞古抄本》當中的插畫。中世紀的眾家騎士們終年投身於能在貴婦面前展現英姿的騎士長槍比試（比武大會）。當時深信理想的騎士道精神就是要忠於主君和基督教、為女仕效命服務。

☆「騎士」的榮譽名銜化

自從「騎士」崇高戰士的形象散播開來以後，連貴族也開始以本來只是自己家臣的「騎士」自稱，創造了「貴族≒騎士」的構圖。家境富裕的自由農民和都市市民當中也有部分人能夠備齊馬匹、武器裝備從而當上騎士，其中甚至不乏娶到主君的寡婦親戚或公主而成功躋身於貴族階級。更有甚者，也曾有少數騎士獲得賞賜封地從而成為城主，也就是小貴族。

然而隨著騎士身分愈趨高貴，支撐其身分地位的優雅宮廷生活、昂貴的騎士敘任儀式等支出就愈發沉重，約莫從十三世紀開始就有愈來愈多人因為經濟上的理由而無法成為騎士，僅能成為騎士的從卒「持盾卒」。其次，國王為強化王權而緊緊把持著授予騎士身分的授階權，使得騎士變成一種榮譽名銜而並非任誰都能取得的稱號。再來就是十四世紀以後戰場上戰術的變化、火槍的問世，都使得騎士本身的重要性日漸低下。

☆ 描繪黑斯廷斯之戰（1066 年）「貝葉掛毯」局部。諾曼第的重裝騎兵在這場戰役中成為擊破英格蘭步兵隊的關鍵戰力，使得騎馬兵的重要性為世人所周知。這便是後來騎馬兵（Cavalry）為何進化形成騎士（Knight）這個獨特的名詞。

☆ 十二世紀的法國騎士。身穿子甲搭配覆蓋整個頭部的頭盔。

☆ 十四世紀的義大利騎士。使用造價更昂貴的板金甲冑取代鎖子甲。

中世紀的傭兵

中世紀傭兵成為各國軍隊的主要戰力

◆◆◆

　　中世紀末期以後，傭兵逐漸取代騎士成為戰場主力。中世紀的軍隊基本上都是由騎士和徵用農民兵組成的封建部隊，而騎士每年的義務役期大約在 40～60 天，是故萬一戰事延宕，封建貴族除非另行提供報酬來挽留騎士效力，否則就必須要雇用新的戰力。自從十一～十二世紀貨幣經濟發達以來，包括十字軍退燒終結後許多失去用武之地的騎士，以及沒資格繼承騎士身分的次男三男等人，便成了收人錢財受人僱用投入戰場的傭兵。除了收取雇主提供的報酬以外，傭兵往往還要在戰地略奪錢財或是擄人換取贖金，甚至故意拖延戰事好跟雇主抬價，是以風評頗差。

★1513年成書的《琉森年代記》的插畫。描繪瑞士的長槍步兵痛擊勃艮第軍隊，令大膽查理敗亡的「南錫戰役」。「南錫戰役」雖然是洛林公國與勃艮第公國之爭，洛林公爵勒二世卻是從瑞士雇用了約一萬人而取得勝利。

✵ 強大傭兵團的成形

　　進入十四世紀以後，這些傭兵集結在「僱傭兵隊長」身邊形成有組織的傭兵集團，與國家締結契約提供服務。英格蘭出身的約翰·霍克伍德所率「白色軍團」便是其典型，經常受雇於戰事頻仍的義大利各個都市共和國。再有，貴族和騎士也因為百年戰爭而疲弊沒落，促使各方開始雇用熱那亞弓弩兵等傭兵作為代替戰力。百年戰爭終結以後又爆發勃艮第戰爭

★ 以奇裝異服和精幹強悍聞名的國土傭僕。他們的服裝經常引得旁人蹙眉，然其創設者神聖羅馬皇帝馬克西米連一世只道彼等往在要遊走於生死邊緣，這麼點小小的樂趣也就由著他們去了。可以說恰恰就是歐洲版的「傾奇者」（註）。

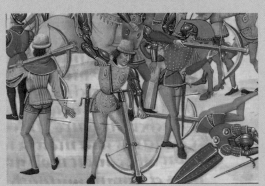

★ 描繪百年戰爭當中克雷西會戰的十五世紀手抄本局部，畫到正在操作弓弩（十字弓）的熱那亞弓弩兵。

（1474 ～ 77 年），瑞士步兵擊敗素以精悍聞名的勃艮第公國軍隊，一夕之間聲名大噪。自此以來瑞士傭兵便受到法蘭西王國和梵蒂岡雇用，使得傭兵輸出成為該國的重要產業。直至今日梵蒂岡的警備護衛依舊是由瑞士衛兵負責擔任，便是由來於此。除此以外，模仿瑞士傭兵所組成的國土傭僕等傭兵團，也在近世甚至近代成為並且一直是各國軍隊的主要戰力。

【著名的僱傭兵隊長】

約翰·霍克伍德（1320 ～ 1394 年）

皮革染匠之子，相傳百年戰爭當時從軍並且獲得黑太子愛德華賜予騎士封號。後來成為傭兵並統率白色軍團，最後當上了佛羅倫斯軍隊的總司令官。

法西諾·凱恩（1360 ～ 1412 年）

生於北義大利的貴族之家。1387 年受雇於北義大利的蒙費拉托侯國，率領四百名傭兵對抗周遭諸國。

弗朗西斯科·布松（1382 ？～ 1432 年）

義大利西北部的貧農出身。早期以凱恩屬下身分轉戰於義大利各地，逐漸才嶄露頭角成為指揮官。起初為米蘭公國服務，後來卻因不滿待遇不佳而轉投米蘭的敵對勢力威尼斯。

費德里科·達·蒙特費爾特羅（1422 ～ 1482 年）

義大利貴族烏比諾公爵（當初仍是伯爵）的庶子。幼時被送到威尼斯作人質，在當地受教育，然後拜入米蘭傭兵隊長尼科洛·皮奇尼諾門下學習戰術。以後成為傭兵隊長活躍於米蘭、威尼斯與佛羅倫斯。1444 年兄長過世，費德里科繼位成為烏比諾公爵。他非但跟佛羅倫斯的羅倫佐·德·麥地奇頗有親交，同時也是文藝復興文化的庇護者。

註：傾奇者：日本戰國時代後期至江戶時代初期的社會風潮。指喜愛異風、穿上光鮮衣著，以及有超越常識行為的人，簡而言之就是傾向奇異者。

中世紀的武器

各種近身武器與飛行道具的進化

　　隨著戰術和甲冑的變化，中世紀歐洲也發展出形形色色各種武器，其中最具代表性的武器，當屬騎士配備的長劍與騎槍（長槍）。長劍是騎士授爵敘任儀式也會使用的武器、堪稱是騎士的象徵，而騎槍則是騎士長槍比試當中使用。其它還有匕首（短劍）、戰斧、長槍揉合斧鉤構造製成的瑞士戟、由棍棒進化形成的釘頭錘（錘矛）、由釘頭錘進化形成的晨星錘和連枷等等。眾多飛行道具當中，最重要的便是弓和弩（十字弓），尤其 1000 年前後開始普及的弩更是未經弓箭訓練便可以使用，而且威力強大。這個武器讓騎士深感威脅，所以多次輕蔑弓弩是卑鄙的武器，甚至還在 1139 年的第二次拉特蘭會議上推出不可以對基督教徒使用弓弩的禁令。即便如此弩還是在十三世紀傳播來到都市民兵和農兵之間，使得騎士的重要性日趨低下。一時之間聲勢高漲如弩，卻也在快速射擊性能優越的長弓齊射戰術發達的十四世紀失去優勢，接著就連長弓也很快就遭到十五世紀中期發明的火器（火繩槍）取代。

★羅馬皇帝馬克西米連一世（1459～1519），手裡提著帶有金屬材質三叉槍頭「槍冠」的騎槍（長槍）。馬克西米連一世出身奧地利，所以全身上下都是象徵奧地利的紅白條紋。所謂騎槍是種用手拿持的長槍，長度可達三到四米。騎士長槍比試（比武大會）是用手和腋下固定住槍柄，將長槍水平舉起然後朝對方突進衝擊。木製槍柄除頂端設有金屬槍頭以外，有些騎槍還有護手擋的設計。

☆ 傳說之劍咎瓦尤斯

　　中世紀騎士道故事對英雄的愛劍多有描述，例如亞瑟王（p.8）的「斷鋼神劍」和羅蘭（p.12）的「杜朗達爾」等都是故事中很重要的物品。其中從前查理大帝（查理曼）（p.12）持有的「咎瓦尤斯」乃是法國王權的象徵，相傳由歷代法王代代傳承。現在羅浮宮便有展示一柄拿破崙在加冕式當中使用的咎瓦尤斯，至於這柄劍是否真是從查理大帝時代傳承下來的，那就不得而知了。

☆ 現存於羅浮宮美術館的咎瓦尤斯。

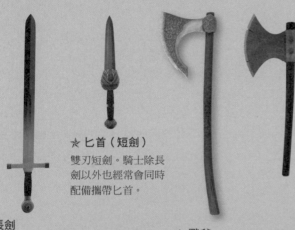

☆ 匕首（短劍）
雙刃短劍。騎士除長劍以外也經常會同時配備攜帶匕首。

☆ 長劍
長約一米，劍刃寬 7～9 公分的雙刃劍，一般搭配縱長形狀的護手，剪影恰恰就是個十字架的形狀。

☆ 戰斧
諾曼人（維京人）愛用的戰鬥用斧頭。有雙手持用的大型斧，單手持用的戰斧則也可以投擲使用。

☆ 弩（十字弓）
中國早在西元前便已經發明了弩，在歐洲卻是十一世紀以後方告普及。有的弩是要轉動齒輪來設置弩弦，有些則是把弩弦掛在腰際的彎勾上然後再踩踏拉弩，無論何者均不適於連續射擊和快速射擊。

☆ 火繩槍
圖為十六世紀印度所繪的早期火繩槍。十五世紀前半期中國發明的黑色火藥傳入以後，先是促成了攻城武器大砲的問世，步兵用火槍則是在稍後的義大利戰爭（1494～1559年）正式投入戰事，使得裝備火槍的步兵（通常是傭兵）集團戰迅速成為主流戰術，令騎士失去了用武之地。

中世紀的發明

當中亦不乏開拓大航海時代的劃時代發明

　　中世紀歐洲往往因為教會著力排除異端（p.154）而背負有礙科學技術發展的惡名，但正如發明重型有輪犁（p.77）、採用三圃制農法（p.77）帶來農業革命一般，革新創造確確實實在發生。而當時還另有乾式指南針、十字測天儀、星盤等為大航海時代奠定基礎的重要發明。

機械式時鐘（約1300年：北義～南德）

利用鐘擺擺盪的重力為動力、以固定速度轉動齒輪的時鐘。教會高塔都有配備，敲鐘報時通知人們祈禱的時間。十六世紀初期又發明了使用發條的攜帶型時鐘。

垂直型風車（十二世紀後半：英格蘭）

以垂直軸心連結支撐承受風壓的葉片部份、傳達旋轉動能的機構部分以及磨粉裝置，使得葉片可以隨著風向轉動變換方向。

星盤（十三世紀前半：義大利）

擁有天文計算與量測功能的天體觀測用機器。據說星盤早在希臘時代便已經發明，直到十三世紀前半才經由伊斯蘭世界傳入義大利的比薩。十五世紀德國還發明了特別強化緯度測定功能的航海用星盤。

眼鏡（十三世紀後半：義大利）

從著名的威尼斯玻璃便可以知道義大利北部擅於製作高透明度玻璃，顏面配戴的眼鏡正是此地的發明，但發明者的名字已經無從確知。

★1403年前後德國畫家康拉德‧馮‧索斯特所繪於壁畫的局部。當時的眼鏡並沒有可供掛在耳朵上的眼鏡腳，只能架在鼻梁上面而已。

乾式指南針（約1300年：義大利）

此前指南針都是讓指針浮在水面使用，約莫1300年才發明以轉軸連接支撐指針的乾式指南針。

★1403年出版的《曼德維爾遊記》（約翰‧曼德維爾著）的插畫（局部）。可以看見在船上使用乾式指南針的船員。

十字測天儀（十四世紀：法國）

另譯「雅谷連桿」的簡易測量器。這是種測量北極星或太陽的仰角藉以估算所在緯度的道具，後遭航海用星盤和六分儀等道具取代淘汰。

★十七世紀後半繪製的航海十字測天儀使用方法的說明圖。

第 7 章

中世紀的幻獸・怪物

龍

`Dragon`

為襯托屠龍騎士英雄勇武而存在的生物

◆◆◆

東方的龍有所謂龍神信仰，受人們奉為崇拜的對象，相對地西洋的龍卻是惡的象徵，多數也都因為為禍鄉里而遭到屠龍騎士和聖人討伐。東方的龍形態近似大蛇，西洋的龍卻渾像帶有堅硬鱗片的蜥蜴，生有雙翼能夠飛翔、還能口吐火炎或毒氣。就設定上來說，龍通常都在守護著某種寶物。八世紀前後成立的敘事詩《貝奧武夫》當中登場的龍便滿足前述所有要素與設定，應是龍形象的原型之一。

　──擊敗巨人成為丹麥國王以後，英雄貝奧武夫又聽聞惡龍因為寶物被盜而襲擊民眾，決意前去討伐。貝奧武夫面對能夠飛翔噴火的惡龍陷入苦戰，互擊之下雖然殺死了惡龍，自己卻也傷重殞命。屠龍得到的許多寶物，都讓眾臣放進墓中給國王陪葬了──

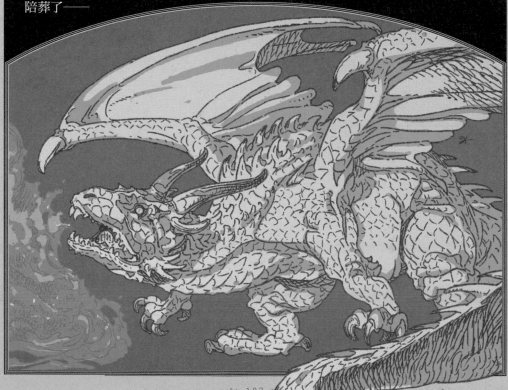

★約1200年成書的《亞伯丁動物寓言集》裡的插畫。古希臘羅馬傳說非洲和印度有能夠絞殺大象或牛隻的大蛇，稱其為「Dragon」或「Draco」，然後在中世紀以後才逐漸被塑造成擁有四肢和雙翼的怪物。

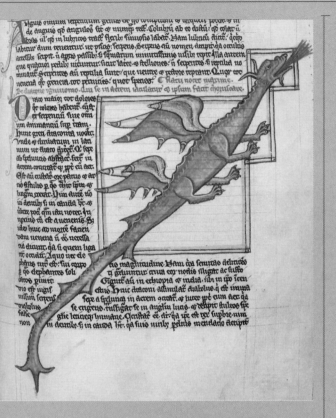

★十三世紀後半所著《神學雜記》的插畫，畫的是有翼的噴火龍。

★十五世紀附插畫的《東方見聞錄》畫到的龍之國度。這些龍看起來不像恐怖的怪物，以現代審美觀來看反而還有點可愛，但確確實實是最強的怪物。

石像鬼

Gargoyle

首級懸於城牆的怪物

石像鬼以歐洲主教座堂等建築物設置於屋頂集雨槽的雕刻為世所知，最早可以追溯到中世紀的基督教傳布時期。從前法國北部盧昂的居民都知道在塞納河畔洞窟有隻叫作嘎咕鬼的怪物（另說為龍）經常出來為禍四方；這嘎咕鬼不但能口吐大水造成洪災，卻也能噴射炙熱的火炎，甚至還能召喚暴風雨侵襲打擊城鎮，而盧昂的居民每年都要準備活人獻祭、奉獻給嘎咕鬼以安撫之。七世紀初有位名叫聖羅馬努斯的主教來到盧昂，約定只要當地居民接受洗禮並建造教堂，自己就替眾人除去這個禍害。羅馬努斯先是帶著兩名罪人作誘餌，然後趁隙持十字架壓制嘎咕鬼令其伏倒，再綁回盧昂鎮上要把牠燒死，豈料嘎咕鬼的首級極為頑強、怎麼也燒不掉，於是盧昂居民才把那首級掛到了城牆上。

據說從此以後，不少教會才開始在集雨槽附近設置怪物石像鬼的雕刻。

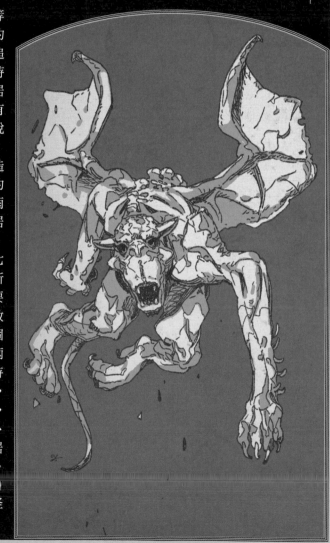

★ 倫敦西敏寺外壁所刻石像鬼，乃960年本篤會僧侶所設。

★十九世紀法國畫
家紀堯姆‧卡巴松
筆下所繪盧昂的聖
羅馬努斯和嘎咕鬼。

★ 巴黎聖母院屋頂的石像鬼雕刻，尤以俯瞰巴黎街道之構圖而聞名，其實這石像鬼並無雨漏功能，
因此亦有說法認為這些雕刻嚴格來說並不能算是石像鬼。

獨角獸

Unicorn

耶穌的化身獨角獸

　　從古希臘古羅馬以來，一直就有文獻記載獨角獸是真實存在的動物。牠的角有解毒效果，據說許多當權者不惜大把銀子都想買到用獨角獸獸角製成的杯子。獨角獸性烈，據說曾經用獨角和獸蹄就扳倒了大象，不過倒是有個辦法可以讓牠放鬆防備：原來獨角獸看見純潔的少女就會不由自主地靠近，把頭湊在少女的膝蓋上睡著，於是獵人便利用獨角獸的這個習性以少女為餌捕捉獨角獸，送到國王那裡去採收獸角。這則獨角獸傳說可以說是處處都隱隱對應著耶穌基督的生涯故事。故事中的少女對應到聖母馬利亞，委身少女的獨角獸恰恰象徵著耶穌。國王對應到主持磔刑的負責人猶太行省總督彼拉多，被折下的獨角自然就是十字架了。使奸計捉住獨角獸的獵人象徵著猶太人，也有人認為這個獨角獸傳說其實是個在暗地裡把反猶太主義正當化的故事。

★ 十三世紀英國人巴塞洛繆斯·安格里科著作《物性論》的翻譯抄本（十五世紀後半）裡面畫到的獨角獸。跟其他真實存在的動物畫在一起，可見當時認為獨角獸也是個真實的動物。

★摘自十三世紀記載的《羅切斯特動物寓言集》。騎士利用女性作誘餌獵殺獨角獸。

挪威海怪

Kraken

令船員陷入恐懼的大海怪

◆◆◆

挪威海怪是主要流傳於北歐一帶的大海怪。根據 1753 年彭托皮丹主教所著《挪威的自然歷史》記載，挪威海怪身圍可達 1.5 英哩（2.4 公里），看起來簡直活像個海草簇擁環繞的小島。還有傳說指出挪威海怪是天地創始當時便已存在的兩頭巨大海洋生物，並且會繼續活下去直到世界末日。十三世紀中期成書的挪威《帝鑑》記載到一種叫作哈弗古法的怪物，有人說那便是挪威海怪，不過也有很多相信那怪物其實是鯨魚。

這想必是因為自從古代甚至中世紀以來，行船人之間本來就會帶著敬畏談論散播大海怪的傳說，再加上後來陸續有實際目睹到大王烏賊等生物的情報，最終才憑空創造出大到可以把整艘船拖進海中的巨型頭足類怪物。

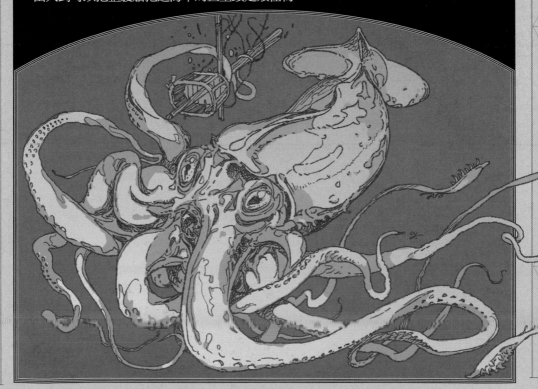

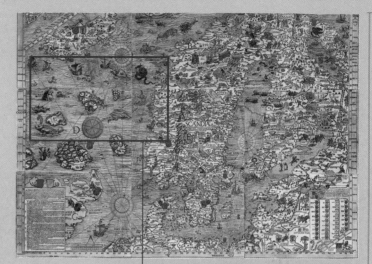

★法國博物學家皮埃爾・丹尼斯・
德・蒙福爾 1801 年發表的巨大章
魚圖像。據說他是根據法國船員
於安哥拉近海遭巨大生物襲擊的
記述所繪。

★十六世紀瑞典的宗教家兼地理學家
烏勞斯・馬格努斯製作的北海「海圖」
（Carta Marina）。地圖畫到各種形形
色色的海洋生物，還有許多怪物會襲擊
船隻，令人深感當時船旅有多麼危險。

★「海圖」在挪威海域畫到各種張牙舞爪的海怪，北海附近卻並未畫到怪獸。

魔像

Golem

祕術創造的泥偶

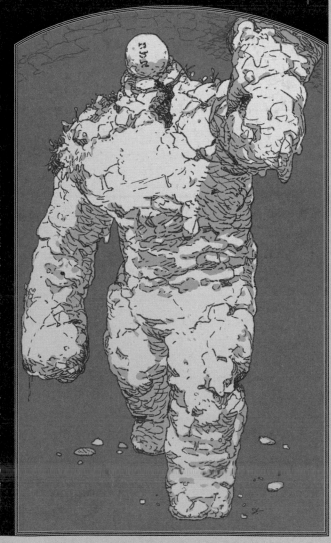

魔像就是猶太教傳說中一種會動的泥偶。先取泥土搏作人形，再唱誦拉比（猶太教的宗教導師）口耳相傳的祕咒，泥偶就會自己活動起來。魔像額頭貼有護符寫著希伯來文「真實」（אמת）一詞，只消抹去「א」字母就會變成「死亡」（מת），魔像就會立馬潰散歸於塵土。另有傳說魔像一旦被創造出來就會不停地巨大化，而製作程序但有差池魔像就會不聽命令、發狂暴走。魔像傳說最著名的當屬十六世紀末布拉格一個名叫羅烏的拉比製作的魔像「約瑟夫」。當時羅烏製作約瑟夫用來保護猶太人居住區免受反猶太主義者攻擊迫害，後來出了差錯、讓約瑟夫開始暴走，羅烏把約瑟夫變回一坏土堆，將其殘骸保存在猶太教會堂的天花板，以備隨時令其復活。1883 年會堂改建當時什麼都沒有找到，至今仍有傳說約瑟夫的殘骸藏在布拉格某個角落。

Basilisk 巴茲里斯克蛇

殺傷力極高的蛇中王者

◆◆◆

傳說巴茲里斯克蛇是萬蛇之王，頭頂有個形似公雞的頭冠。根據古羅馬博物學者普林尼一世紀的著作《博物誌》記載，有別於其他蛇類是身體貼地爬行，牠是半挺著身體昂首前進，僅憑氣息便足以破壞低矮的樹木和石頭。牠儘管體型並不甚大可是毒性極強，倘使被騎兵持長槍刺中，劇毒就會沿著長槍蔓延、就連馬匹都要暴斃更遑論是騎兵了。又說牠連視線也有殺傷力。鼬鼠的體味乃其天敵，曾有記載指其只要聞到味道就會斃命。

巴茲里斯克蛇的怪物色彩在中世紀以後愈發受到強調，最終演變成巨蛇的形象。與此同時又增添了只要讓公雞孵育蛇蛋或蟾蜍蛋就可以孵出巴茲里斯克蛇的傳說，甚至還多了巴茲里克、雞蛇等別名和亞種。十八世紀博物學者卡爾・林奈還曾借用這幻想生物的名字，將棲息中南美洲的美洲鬣蜥科蜥蜴命名為雙冠蜥屬（Basiliscus）。

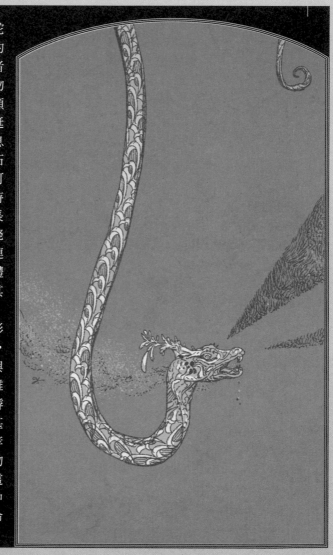

Mermaid 人魚

令水手船員步向毀滅的美妙歌聲

　　全世界所有臨海的國家自古便有所謂半人半魚的人魚傳說。一般來說東洋傳說裡面描述的人魚通常長得比較怪誕，而西洋的人魚卻往往是個下半身是魚、上半身是長髮美女的形象。其中比較特別的是，英國卻是將女性稱作人魚（Mermaid），男性則是稱作男人魚（Merman）來區別。男人魚深愛著妻子，一旦妻子遭人類加害則男人魚就會興風作浪要報仇。除此之外，許多地方也都流傳著人魚召喚暴風雨打翻船隻的傳說。

　　再來還有賽倫和羅蕾萊等人魚利用曼妙歌聲引誘水手、將其拖入海中或者鑿沉船隻的傳說。另一方面，法國流傳的異種婚姻譚當中著名的美露莘（p.48）雖說下半身是蛇身，卻也有不同版本指其為魚身、其實是個人魚。以龍這個人魚愛上人類主題的，還有後來的安徒生《人魚公主》和迪士尼動畫《小美人魚》。

✵西洋人魚的種類

賽倫（Seirên）

希臘神話裡的海怪，傳說上半身是人類女性模樣、下半身卻是鳥身。一直以來憑著曼妙歌聲使無數船員步向毀滅，最後卻因為遭希臘神話的英雄奧菲斯和奧德修斯打敗、憤而投海自盡。賽倫至中世紀初期已演變成為下半身是魚身的人魚，並成為法語和德語「警笛」的語源。

羅蕾萊（Loreley）

德國中西部出沒於萊茵河河中央巨岩附近的一種人魚。據說羅蕾萊是個手持金色梳子的美女，會用歌聲迷惑船夫令船隻駛進漩渦。可以想見在萊茵河的巨岩附近的河面不僅會突然變得極其狹窄侷促，水道還有許多急轉彎甚至是暗礁，使得船隻觸礁和沉沒事故不絕於後，所以才會有這樣的人魚傳說誕生。

墨弗克（Merfolk）

英國對男女人魚的總稱。女性的人魚一詞是由古英語的「大海」（mere）」加「少女（maid）」所組成的「mermaid」，男人魚則是稱作「merman」。傳說男人魚會向加害人魚的人類復仇，也有傳說指出人魚會對船員預言道「你將再也見不到陸地」甚至觸發災難。不列顛島西南部的澤諾還有個描述某個合唱團的男歌手愛上人魚、兩人雙宿雙棲的傳說。

梅羅（Merrow）

愛爾蘭傳說中的人魚，跟英國同樣也有男性的人魚。梅羅出沒固然會引發暴風雨等災害，卻也有梅羅跟人類結合的異種婚姻譚，據說其後代的手上長有可以划水的蹼。

荷芙露（Havfrue）

挪威傳說中的人魚。男女有別，相傳男性荷芙露對人類相當友善，相對地女性荷芙露能夠致禍召來噩運，並有預言未來的神通力。

美露莘（Melusine, p.48）

法國異種婚姻譚講述的人頭蛇身生物。有時也會被描繪成人頭魚身的人魚。

✵ 西元前五世紀的文物，壺身繪有賽倫的模樣。奧德修斯讓船員戴上耳塞，然後把自己綁在桅桿上藉此抵抗賽倫的誘惑。

✵ 德國中西部城鎮聖戈阿爾斯豪森近郊的萊茵河巨岩。這座岩山也因為人魚傳說而被命名為羅蕾萊。

✵ 活躍於十九世紀至二十世紀初的英國畫家約翰・萊因哈德・威格林的畫作《澤諾的人魚》。

狼人

Werewolf

人心黑暗孳生的瘋狂怪物

狼人又稱狼男，在白晝只是個普通人類，一旦沐浴在滿月的月光下就會變身成渾身長毛的狼，襲擊人畜。早在古希臘羅馬時代就已經有人變身成狼的傳說，另一方面中世紀初期日耳曼社會有種叫作「人狼」的風習。所謂人狼就是種將殺人放火的重刑犯判定為人狼、剝奪所有人權的放逐處分，誰要是殺死了人狼也毋需問罪。因為這個緣故，人狼經常躲藏在森林之類的隱蔽處，有時要偷牽牲口以求餬口，甚至殺人以求自衛。另外也有人指出自以為是狼人的精神疾病「狼化妄想症」（Lycanthropy）帶來的影響；人們長期曝露在禁慾的、四處瀰漫死亡氣息而壓力極大的環境之下，這樣的疾病在中世紀社會並不罕見，事實上當時也曾有患者襲擊人畜。就連起初否定其存在的基督教會後來也開始迫害狼人，且比照獵女巫那般將許多人指為狼人予以處決。

☆ 十六世紀末的木版畫，描述德國農民彼得‧史坦普被指為狼人遭到處刑的故事。據說經過拷打以後，史坦普供述道「自己用一條可以變身成狼的皮帶殺害了十六個人」。十六世紀是人狼審判最盛的時代。

☆ 十六世紀初德國畫家老盧卡斯‧克拉納赫的木版畫，畫到狼人襲擊人類的悽慘場景。克拉納赫把狼人直接畫成人類的模樣。

精靈

Elf

愛搗蛋的小小妖精

◆◆◆

精靈本是北歐神話裡的小小精靈和妖精,蒼蒼森林裡、貧瘠的岩石地甚至空氣之中無處沒有精靈存在,成群過著群體生活。進入中世紀以後,先是瑞典等地將精靈想像成某種伴隨著妖精王出沒的美少女模樣,並賦予壽命極長等特徵。傳說在清晨的濃霧中可以看見精靈們圍成圈跳舞的模樣,而這便是為何蕈類呈環狀排列生長的現象「仙女環」會被人認為是精靈跳舞留下來的痕跡。英國則說這種妖精雖然樂於助人,卻也經常搗蛋。迷你體型則是近世以後新獲得的特徵,莎士比亞《仲夏夜之夢》當中的精靈就只有昆蟲大小而已。至於現在精靈容貌美麗而充滿神祕雰圍的形象,則是來自於 20 世紀托爾金(p.72)的《魔戒》。

★ 亞瑟‧拉克姆（1867～1939）所繪莎翁《仲夏夜之夢》插畫。《仲夏夜之夢》自從 1600 年刊行直到今日仍頻繁演出，人氣始終是高漲不墜。

★ 十二世紀圖畫中的精靈。當時相信精靈會放箭使人致病。儘管諸多形象諸多行徑無法一概而論，但整體而言中世紀歐洲人仍然認為精靈是種會害人的東西。

★ 約瑟夫‧諾埃爾‧佩頓（1821～1901）所繪《仲夏夜之夢》插畫。中央的女性便是妖精皇后緹坦妮雅，身旁站立者則是其夫君妖精王奧伯隆（p.213）。

★ 十九世紀瑞典畫家尼爾斯‧布洛默所繪《草原的妖精》（1850 年）。傳說在霧深的清晨和夜晚，就可以看到精靈們在草原上跳舞。

★ 蕈類呈環狀排列生長的「仙女環」，英語稱作「fairy ring」或「elf circle」，將其擬作精靈成群舞蹈留下來的痕跡。

Troll 食人妖

形體變幻不定的北歐精靈

◆◆◆

　　食人妖是斯堪地那維亞半島傳說中的精靈。一般認知中所謂「容貌怪異、性格狂暴卻擁有高智能的巨漢」形象，是來自於托爾金（p.72）的《哈比人歷險記》和《魔戒》，以及 1974 年發售的桌上角色扮演遊戲《龍與地下城》等作品。

　　根據北歐民間傳說諸多記載，有的說食人妖是巨人有的卻說是小人，有的說他長著一隻大大的鉤鼻、容貌醜陋，有的卻說長得跟普通人類一般，並無固定說法。關於其性情同樣也是說法不一，有的說食人妖既不幫助也不會為害人類，有的說他會誘拐女性和孩童，有的說他會躲在橋底下作弄過橋的路人、收取過路費等，有各種傳說流傳。十九世紀挪威劇作家易卜生《培爾‧金特》等作品則是將食人妖塑造成具強大破壞力的角色。

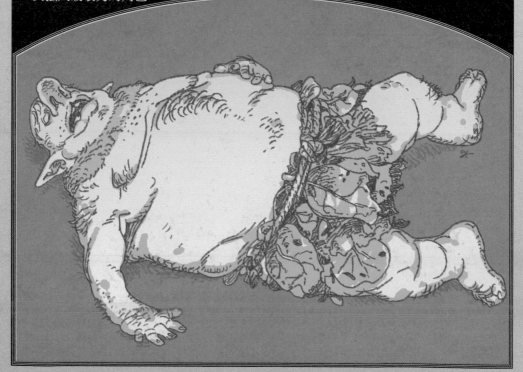

★瑞典畫家佩爾‧丹尼爾‧荷姆（1835～1903）作品。畫到食人妖從森林深處出來化身成人類女性，誘惑正在伐木的男性。裙子底下可以看見尾巴。這種女性食人妖在挪威稱作胡德拉，在瑞典則是稱作斯科格斯拉。

★挪威畫家蒂奧多‧吉特爾森（1857～1914）所繪民間傳說中的巨人型食人妖。食人妖有各種形態，相對於瑞典認為食人妖時作巨人、時作常人形態，當時挪威似乎大多相信食人妖是巨人體型。

★瑞典畫家約翰‧鮑爾（1882～1918）筆下的食人妖。食人妖在許多故事裡往往被描述成愛財貪財喜歡累積財寶的形象。

★《嚕嚕米》的作者芬蘭作家朵貝‧楊笙雖不曾明言這個角色是妖精，故事主角的名字卻是「嚕嚕米食人妖」（Mumintrollen）。

哥布林

Goblin

喜歡惡作劇的小怪物

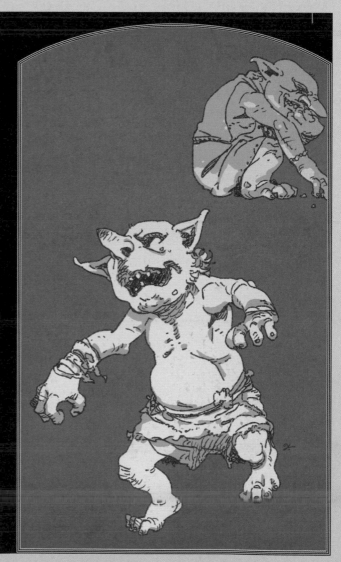

　　哥布林是主要流傳於英國的醜陋侏儒精靈，旬信跟法國的哥布蘭和德國的狗頭人（p.215）屬於同類精靈。哥布林通常棲息於森林或洞窟，有時候卻也會住進人類的家中，趁人睡覺時抽走被褥、擅自移動家具、拍打牆壁門板然後躲起來，幹些不懷好意的惡作劇。與此同時，哥布林卻也會獎勵好孩子、懲罰不聽話孩子，也有能夠幫助母親、奶媽教養孩子的另外一面。

　　另一個同種怪物淘氣地精則是專門住在人類家裡的精靈，喜歡惡作劇的個性不變，卻偶爾會主動幫忙做家事，算是對人類比較抱持善意的精靈。上述性格與蘇格蘭傳說中的布勞尼相通，布勞尼當中特別喜歡惡作劇的另稱「幻形怪」（Boggart），少根筋專幹蠢事的叫作「多比」。家人可以贈送衣物、以綽號稱呼抑或是手劃十字架，就可以讓這些精靈從家裡消失。

Ogre

巨魔

堪比日本鬼的吃人傳說

世界各地均有巨魔傳說流傳，西洋甚至還把日本的鬼視為一種典型的巨魔。據說巨魔是種吃人的凶惡怪物，有的模樣與普通人類相似，有的卻是龐然體型堪比巨人、全身滿是毛髮鬍鬚而且面貌醜陋。巨魔的另一個特徵就是性情凶暴一身怪力，可是智力卻不甚高。此類吃人怪物的傳說自古便有，而首次使用到「巨魔（Ogre）」這個名字的乃是法國的夏爾‧佩羅。其作品《小姆指》描述一對兄弟運用機智逃過吃人怪物，《穿長靴的貓》則講述一隻貓幫主人從吃人怪物手中奪取城堡，裡面就使用到了巨魔這個名字。貓對巨魔大灌迷湯稱讚魔法如何厲害、慫恿他變成老鼠然後將其吃下肚，打敗巨魔。這個情節後來傳入日本，日本傳說故事「三張護身符」就描述和尚誆騙鬼婆婆變成豆子再將它吃下肚，也可說是再次證實「巨魔＝日本鬼」的這個等式。

Dwarf

矮人

掌握高度技術與祕密知識的小矮人

矮人是主要流傳於北歐各國和德國一帶的矮精靈。根據冰島學者史諾里‧史特盧森十三世紀創作的《愛達經（史諾里愛達）》記載，矮人本是北歐神話創世巨人伊米爾體內的蟲，後來神才賦予其理性和智慧。矮人身板矮小卻有大氣力、蓄著長長的鬍鬚，平時住在山地洞窟和地底世界裡。傳說矮人擁有高度的金屬加工技術與祕密知識，懂得鍛造魔法劍和魔法戒指等物，還有件穿上就能隱身的隱身斗篷。平時他們對人類等其他種族相當親切，可是一旦被激怒以後復仇心很重。

據說矮人經常群聚起來組成王國，《尼伯龍根之歌》當中遭齊格菲（p.68）滅族的尼伯龍根族就是個矮人國家，而齊格菲就是從他們手中取得了名劍巴爾蒙克和隱身斗篷，後來才得以成為屠龍的英雄。

奧伯隆

Oberon

擁有超人力量的妖精王

奧伯隆是從前流傳於日德蘭半島（現在的丹麥與德國北部）的侏儒妖精（矮人）國王。相傳奧伯隆是從前將斷鋼神劍贈予亞瑟王的湖中仙女跟儒略‧凱撒之子，甫誕生就具備超人的能力和小巧的身體。除此之外，另有說法指出奧伯隆是法蘭克王國墨洛溫家族的始祖墨洛維在異世界的兄弟。奧伯隆在德國名叫阿貝利希（Alberich），而遭齊格菲（p.68）滅族的尼伯龍根族國王名字恰恰就叫作阿貝利希。十三世紀初法國的騎士故事《波爾多的休恩》裡面則是有個運用超能力幫助主角的妖精王叫作奧伯倫（Auberon）。英國則是有十四世紀的傑弗里‧喬叟和十六世紀的愛德蒙‧史賓賽都曾在作品當中提及奧伯隆，並且在莎士比亞《仲夏夜之夢》當中以眾妖精之王奧伯隆（Oberon）之名登場。

無頭騎士

Dullahan

向人宣告死亡訊息的無頭騎士

　　無頭騎士是愛爾蘭和部分蘇格蘭地區民間流傳的無頭怪人。一說他是凱爾特傳說當中司掌死亡的太陽神克洛姆多所化，往往被描述成穿著全副盔甲的騎士模樣。他通常都是單手捧著能夠自由裝卸、顏色和質感活像發霉起司的首級，一雙眼珠子骨碌碌地快速轉動，咧開直到耳際的大嘴巴總是帶著令人不寒而慄的怪笑。他要不是騎著同樣沒有首級的無頭馬科西巴瓦，否則就是乘坐科西巴瓦拉的送葬馬車出現，無頭騎士停在哪個門口則那戶人家就會死人。除發出死亡前兆以外，無頭騎士還會呼喚名字令人靈魂離開身軀，又再度強化了他的死神屬性。無頭騎士最忌被人看見，若是有人聽見他奔跑的聲音打開來看，就會被當頭潑上一整盆的鮮血，誰要是真看見他的模樣，眼睛就會被他拿用人類背脊骨製成的骨鞭給戳瞎。

Kobold

狗頭人

成為鈷元素語源的小矮人

德國民間傳說中的狗頭人跟壞心眼的矮人精靈哥布林（p.210）屬於同類。狗頭人跟日本的座敷童子同樣都是依附於人類住家的靈，平時雖然也會幫人做家事可是性情暴躁，忘記幫他準備食物就會生氣。長相醜陋喜歡惡作劇也跟哥布林一樣，不是把家裡各種用品偷藏起來，就是從後面把向前彎腰屈身的人給推倒。另一方面，中世紀卻也相信礦山裡面有狗頭人棲息，有危險的時候他們會敲打坑道的岩壁給人示警，或是告訴人類哪裡有豐富的礦脈，有時卻也會引發坑道塌陷岩盤崩落。據說狗頭人還會騙礦工去挖沒有價值的銀白色礦石，或是把銀礦石變成沒有價值的其它礦石。瑞典化學家兼礦物學者勃蘭特1735 年成功從這個銀白色礦石萃取出單一元素，便以狗頭人（Kobold）的名字將該元素命名為鈷（Cobalt）。

約爾孟甘德

Jörmungandr

與雷神索爾對決的巨蛇

　　北歐神話的巨蛇約爾孟甘德的名字原意為「巨大的杖」，是愛搗蛋的惡作劇之神洛基（p.42）與女巨人安格爾伯達生下的怪物。主神奧丁（p.40）知道約爾孟甘德終有一天會成為眾神的威脅，遂將其投入海中，約爾孟甘德卻在海底長得愈來愈巨大，大到身體可以環繞人類居住的米德加爾德（世界）一圈再銜住自己的尾巴，所以亦稱米德加爾德蛇或世界大蛇。

　　世界末日諸神黃昏（p.44）之際，約爾孟甘德爬上陸地與奧丁之子雷神索爾對決，最終雖然被索爾的雷神之鎚擊斃，卻也在瀕死之際向索爾噴出毒液、同歸於盡。

★ 瑞典地理學家烏勞斯‧馬格努斯
（1490～1558）所述海蛇。

★ 米蘭大主教館的比肖內雕刻
裝飾

★ 1200年前後英國《亞伯丁動物寓
言集》所繪雙頭蛇，畫成雙頭龍的
模樣。

☆西洋傳說的大蛇

海蛇（Sea Serpant）

海中巨蛇的統稱。《舊約聖經》「約伯記」記載反抗
上帝的利維坦便屬海蛇一類。一般認為應是從前人們
看見大王鳥賊或成群海豚而誤認為海蛇。

哈弗古法（Hafgufa）

北歐諸國傳說中的海怪，靜止時經常被誤認為島嶼。
另外也經常有人說哈弗古法是巨大的魚而不是蛇。

雙頭蛇（Amphisbaena）

頭尾兩端都長著蛇頭的雙頭毒蛇。古羅馬博物學者普
林尼《博物誌》等文獻都曾有過介紹，據說以螞蟻為
主食。中世紀以後演變形成首尾兩端的雙頭龍。

比肖內（Biscione）

米蘭公爵維斯孔蒂家族是羅馬教宗輩出的義大利望
族，而比肖內是從前維斯孔蒂家族的始祖深入森林討
伐的吃人大蛇。比肖內後來成為維斯孔蒂家族的紋章
並受採用為米蘭公國的國家紋章，現在仍是米蘭市的
市章，而且車廠愛快羅密歐的車頭標誌也有使用到比
肖內的形象。

巴茲里斯克蛇（Basilisk）

擁有劇毒的萬蛇之王。（p.201）

獅身鳥首獸

Griffin

象徵國王王權的幻想生物

獅身鳥首獸是取獅子的身軀搭配鷲鷹的頭顱和翅膀組成的虛構生物。其由來已久，早在西元前 3000 年古波斯等地就有以獅身鳥首獸為主題的美術品。後來其形象傳播來到地中海東部沿岸一帶，古埃及還偶爾會把獅身鳥首獸和獅身人面獸畫成一對。古代東方世界等地區相信獅身鳥首獸棲身於高加索地區的深山中，其巢穴是以黃金打造。《舊約聖經》有關於伊甸園守門者的記載，推測應是獅身鳥首獸。中世紀以後人們認為獅身鳥首獸是萬鳥之王也是萬獸之王，故採用成為國王的象徵，是許多紋章常用的重要元素。此後獅身鳥首獸也繼續頻繁出現在諸多的故事和傳說，十六世紀初還衍生出一種由獅身鳥首獸跟母馬交配生下的鷲頭鷲翼馬身幻想生物，名叫鷹馬。獅身鳥首獸的英文寫作「Griffin」，在「哈利波特」系列作品當中則是被用作主角所屬宿舍名字。

人頭獅身蠍尾獸

Manticore

人頭獸身的吃人怪物

古波斯語原意為「吃人怪物」的人頭獅身蠍尾獸是種獅身人頭的怪物，形狀似龍似蠍的尾巴末端還帶有毒針，據說牠跑得比鹿還快、嗜食人肉。西元前五～四世紀在波斯王宮擔任宮廷醫師的希臘人克特西亞斯曾經在著作《印度史》介紹到人頭獅身蠍尾獸是種棲息於印度的野獸，古希臘亞里斯多德亦曾在《動物志》中提及此獸。古羅馬則有普林尼亦曾在《博物誌》同樣提到一種名叫人頭獅身蠍尾獸的生物，卻不知為何指其棲息地是衣索比亞。

中世紀以後的各種動物寓言集也偶有關於人頭獅身蠍尾獸的記述，甚至但丁《神曲》地獄篇都有採用，大致上都被視為是邪惡的生物。現代則有 1974 年發售的《龍與地下城》亦有此角色，所以比較為人所知。

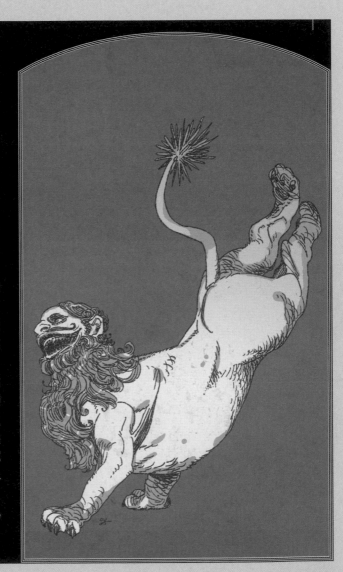

希臘神話的眾神與幻想生物

孕生諸多傳說生物的希臘眾神

除了日耳曼人和凱爾特人口耳相傳民間傳說和北歐神話的傳承以外，中世紀歐洲流傳的眾多傳說生物、幻想生物和妖精當中，同樣也有許多是源自希臘神話的眾神和諸多怪物。

尤其姬亞和潘陀斯之子福耳庫斯一脈，更是繁衍生出了特別多的怪物。首先戈耳工三姐妹當中的美杜莎就是個蛇髮怪物，她被宙斯之子珀耳修斯斬下首級當時，鮮血滴落大海（＝波賽頓）生出了飛馬佩伽索斯和怪物克律薩俄耳。克律薩俄耳又跟卡利羅厄生下了蛇身怪物艾奇德娜的和三頭怪物革律翁。艾奇德娜又跟曾經戰勝宙斯的巨人堤豐生下了三頭犬舍惹狗如斯、雙頭犬歐特魯斯、九頭蛇海德拉，以及獅頭羊身蛇尾的基邁拉。艾奇德娜還跟自己所生的歐特魯斯又生下怪物斯芬克斯。

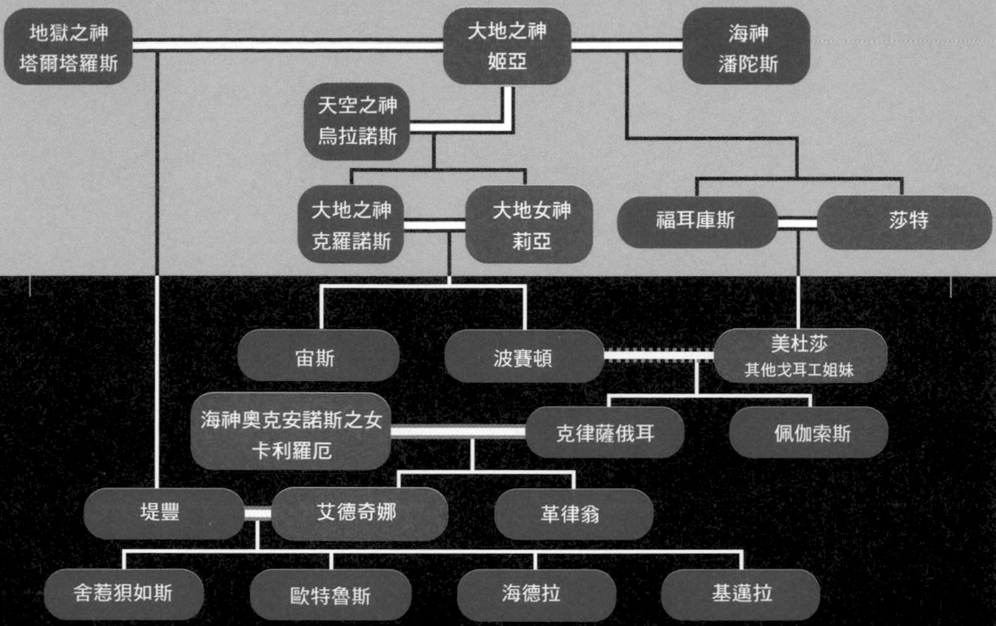

地獄之神
塔爾塔羅斯

大地之神
姬亞

海神
潘陀斯

天空之神
烏拉諾斯

大地之神
克羅諾斯

大地女神
莉亞

福耳庫斯

莎特

宙斯

波賽頓

美杜莎
其他戈耳工姐妹

海神奧克安諾斯之女
卡利羅厄

克律薩俄耳

佩伽索斯

堤豐

艾德奇娜

革律翁

舍惹狽如斯

歐特魯斯

海德拉

基邁拉

國家圖書館出版品預行編目資料

中世紀歐洲圖鑑（精裝）/ 新星出版社編集部編著、鈴木康士繪
圖、王書銘翻譯；一初版一台北市：奇幻基地，城邦文化發行；
家庭傳媒城邦分公司發行 2024.2
　　面；公分 .—（聖典系列：54）
　　譯自：ビジュアル図鑑中世ヨーロッパ
　　ISBN 978-626-7210-88-8（精裝）

1.CST: 世界史 2.CST: 戰爭 3.CST: 中世紀

712.3　　　　　　　　　　　　　　　　112021376

Original Japanese title: VISUAL ZUKAN CHUSEI
EUROPE
Copyright © 2022 SHINSEI Publishing Co., Ltd.
Illustrator © Yasushi Suzuki
Original Japanese edition published by SHINSEI
Publishing Co., Ltd.
Traditional Chinese translation rights arranged with
SHINSEI Publishing Co., Ltd.
through The English Agency (Japan) Ltd. and
AMANN CO., LTD.
All rights reserved
Chinese (in complex character only) translation
copyright © 2024 by Fantasy Foundation Publications,
a division of Cite Publishing Ltd.

ISBN　　978-626-7210-88-8（精裝）

Printed in Taiwan.

城邦讀書花園
www.cite.com.tw

聖典系列054

中世紀歐洲圖鑑（精裝）

原　　　　書 /	ビジュアル図鑑中世ヨーロッパ
編　　　　著 /	新星出版社編集部
繪　　　　圖 /	鈴木康士（Yasushi Suzuki）
譯　　　　者 /	王書銘
企畫選書人 /	張世國
責 任 編 輯 /	張世國
發　行　人 /	何飛鵬
總　編　輯 /	王雪莉
業 務 協 理 /	范光杰
行 銷 主 任 /	陳姿億
資深版權專員 /	許儀盈
版權行政暨數位業務專員 /	陳玉鈴
法 律 顧 問 /	元禾法律事務所　王子文律師

出版 / 奇幻基地出版
　　　城邦文化事業股份有限公司
　　　台北市 104 民生東路二段 141 號 8 樓
　　　電話：(02)25007008　　傳眞：(02)25027676
　　　網址：www.ffoundation.com.tw
　　　e-mail：ffoundation@cite.com.tw
發行 / 英屬蓋曼群島商家庭傳媒股份有限公司城邦分公司
　　　台北市 104 民生東路二段 141 號11 樓
　　　書虫客服服務專線：(02)25007718・(02)25007719
　　　24 小時傳眞服務：(02)25170999・(02)25001991
　　　服務時間：週一至週五09:30-12:00・13:30-17:00
　　　郵撥帳號：19863813　　戶名：書虫股份有限公司
　　　讀者服務信箱 E-mail：service@readingclub.com.tw
　　　歡迎光臨城邦讀書花園 網址：www.cite.com.tw
香港發行所 / 城邦（香港）出版集團有限公司
　　　香港九龍九龍城土瓜灣道86號順聯工業大廈6樓A室
　　　電話：(852) 2508-6231 傳眞：(852) 2578-9337
馬新發行所 / 城邦（馬新）出版集團
　　　【Cite (M) Sdn Bhd】
　　　41, Jalan Radin Anum, Bandar Baru Sri Petaling,
　　　57000 Kuala Lumpur, Malaysia.
　　　電話：(603) 90563833　　傳眞：(603) 90576622
　　　E-mail：services@cite.my

書衣封面內文插畫 / 鈴木康士（Yasushi Suzuki）
Design Alteration / Snow Vega
排　　　版 / 芯澤有限公司
印　　　刷 / 高典印刷有限公司
■2024 年2月5日初版一刷
■2024 年3月27日初版2.5刷

售價 / 750元